F.-T. PERRENS

La Civilisation Florentine

PARIS

ANCIENNE MAISON QUANTIN

LIBRAIRIES-IMPRIMERIES RÉUNIES

MAY & MOTTEROZ, DIRECTEURS

7, rue Saint-Benoît.

LA CIVILISATION FLORENTINE

DU XIIIe AU XVIe SIÈCLE

BIBLIOTHÈQUE D'HISTOIRE ILLUSTRÉE

Ouvrages parus :

ED. SAYOUS......... Les Deux Révolutions d'Angleterre (1603-1689), et la nation anglaise au XVIIe siècle.

H. CARRÉ.......... La France sous Louis XV.

P. MONCEAUX....... La Grèce avant Alexandre.

JEAN H. MARIÉJOL... L'Espagne sous Ferdinand et Isabelle.

En préparation :

MAURICE SOURIAU.... Louis XVI et la Révolution.

LECOY DE LA MARCHE. La France sous saint Louis.

Cet ouvrage a été déposé au Ministère de l'Intérieur
en janvier 1893.

BIBLIOTHÈQUE D'HISTOIRE ILLUSTRÉE

PUBLIÉE SOUS LA DIRECTION DE MM.

J. ZELLER
Membre de l'Institut.

VAST
Docteur ès lettres.

LA CIVILISATION FLORENTINE DU XIIIe AU XVIe SIÈCLE

PAR

F.-T. PERRENS

MEMBRE DE L'INSTITUT

PARIS

ANCIENNE MAISON QUANTIN

LIBRAIRIES-IMPRIMERIES RÉUNIES

7, rue Saint-Benoît

MAY & MOTTEROZ, DIRECTEURS

AVANT-PROPOS

Trois villes marquent, à travers le cours de l'histoire, les grandes étapes de la civilisation : Athènes dans l'antiquité, Florence au moyen âge, Paris dans les temps modernes. On pourrait par la pensée supprimer Rome républicaine, impériale, pontificale, sans que rien d'essentiel disparût dans l'évolution de l'humanité.

L'histoire d'Athènes a été écrite.. Celle de Paris ne peut l'être encore. J'ai essayé d'établir en neuf gros volumes celle de Florence. Que j'aie réussi dans une certaine mesure à en donner quelque idée, il m'est permis de le croire, puisque les Italiens veulent bien reconnaître que mon ouvrage est le meilleur qui existe sur cet important sujet. Comme j'y ai donné mes références, indiqué mes sources, toutes de première main, cité souvent mes textes, j'y puis renvoyer tout lecteur de l'étude résumée et restreinte que je publie aujourd'hui : rien n'est plus facile que de prendre ses assurances sur la solidité de mes pierres d'assise et la légitimité de mes assertions.

Ce qui est le mieux connu de cette étonnante ville, ce sont ses vicissitudes politiques, ou plutôt les dramatiques épisodes qui s'y succèdent : tyrannie du duc d'Athènes, peste noire, tumulte des *Ciompi*, conjuration des Pazzi, supplice de Savonarole. Encore des diverses périodes de ce grand drame le public est-il trop porté à admettre que la période des Médicis est seule digne de son attention. Les trois qui précèdent, chaos de la formation, règne de la démocratie, règne de l'oligarchie, sont volontiers laissées dans l'ombre. Sous le règne même des Médicis tout ce qui n'est pas eux disparaît, jusqu'aux plus généreux efforts pour ressusciter la liberté. Je supposerai pourtant connues ces longues annales. J'en ai le droit, puisque maintenant on peut les connaître dans leur détail si varié. Je ne les rappellerai que dans l'occasion, pour le nécessaire, et très sommairement.

Mon dessein est ici d'en détacher les parties que j'oserai dire non contingentes, celles qui ont marqué la place de Florence au panthéon de la gloire : ses institutions politiques, premier fondement des démocraties modernes; ses institutions économiques, premier fondement d'une science qui a mis plusieurs siècles à prendre conscience d'elle-même; ses mœurs, si supérieures à la sauvagerie du moyen âge; son rôle initiateur dans les belles-lettres et les beaux-arts, grâce à l'esprit de la Renaissance qui souffle chez elle plus tôt et mieux qu'ailleurs; enfin l'héroïque exemple qu'elle donne au monde de les cultiver avec un succès sans pareil dans les convulsions de la mort.

Paris, le 15 décembre 1892.

LA
CIVILISATION FLORENTINE
DU XIIIe AU XVIe SIÈCLE

CHAPITRE PREMIER

LES ORIGINES.

Fondation et premiers développements de Florence. — Les Étrusques. — Les Romains. — Les Barbares. — Les margraves allemands. — Organisation primitive à l'intérieur. — Les arts ou métiers. — L'art de la laine. — L'art de calimala. — L'art de la soie. — L'art des changeurs. — Les autres arts. — L'art des juges et des notaires. — Les consuls des arts. — Les nobles. — Les tours. — Les classes populaires. — L'organisation militaire. — Le podestat.

Au cours de la lutte séculaire que les Étrusques, établis en Toscane, soutenaient contre les Romains, on vit, des derniers contreforts de l'Apennin, les montagnards qui se retranchaient, à l'heure du danger, dans la forteresse de Fésules, descendre dans la plaine et construire sur la rive droite de l'Arno deux maisons ou *villette*, pour la commodité de leur rudimentaire trafic. Telle fut l'humble origine de Florence. Avec le temps, d'autres maisons s'élevèrent autour des deux premières. La bourgade devint une ville après la conquête romaine. Aux occupants primitifs se mêlèrent bientôt les vétérans de Sylla, puis ceux des Triumvirs. C'est eux qui imaginèrent le nom de *Florentia*, à cause des fleurs dont se parait la vallée.

Les invasions barbares retardèrent singulièrement les progrès de la cité nouvelle. Les hordes farouches la trouvaient sur leur passage, dans leur marche vers Rome. Un certain nombre de ces hommes du Nord s'arrêtaient dans la province, s'y mêlaient à la population toscane, non sans l'opprimer. L'arrivée de Charlemagne parut donc une délivrance ; mais la servitude revint sous ses faibles successeurs : la noblesse féodale ne connut plus de frein quand elle n'eut plus de crainte. Les Allemands surtout s'imposèrent, « race d'ivrognes et d'impies, écrit le chapelain Donizo, qui aiment l'argent plus que la guerre », diables incarnés, murmurait-on, dès qu'ils devenaient italiens. Leurs margraves vivent là dans un luxe insolent, dévoués à l'Église, comme cette grande comtesse Mathilde, sous la protection de qui plusieurs papes, dont Grégoire VII, font de Florence leur séjour de prédilection, une sorte d'hôtellerie pontificale et royale. Grâce à eux, le Pactole y coule à pleins bords, et voilà, du coup, la ville des fleurs dévouée pour des siècles au Saint-Siège.

Elle n'en arrachera pas moins une à une les racines de la papauté en même temps que celles de l'empire. Elle finit par s'apercevoir que son évêque, son chef immédiat, était de chair et d'os comme ses citoyens. Sans la permission de ce seigneur, elle est constamment en guerre pour des questions de pâturages, de bois, de confins, de territoires, d'exilés, tantôt contre les hobereaux ou les bourgeois du voisinage, tantôt même contre le redoutable Frédéric Barberousse. Moins « particularistes », ces vils manants se fussent joints à la fameuse ligue lombarde, pour « arracher, disait Otton de Freising, la massue des mains d'Hercule ». Mais leurs rivalités municipales ne désarment point devant la ferme volonté d'Innocent III, arbitre des rois et des couronnes. Ils ne se prosternent à ses pieds que pour lui mieux échapper. En résistant de vive force aux châtelains, ils assurent la sécurité de leur trafic, la commodité de leurs approvisionnements.

La violence ne mérite pas, sans doute, d'être encouragée ; elle est inévitable quand personne ne peut dire où est le droit. Florence étouffe dans son étroite banlieue, qu'infestent des brigands. Sommée de payer des taxes qu'elle ne doit point, elle ne les peut refuser sans voir ses habitants pillés, maltraités, tués. Elle protège leur vie en frappant qui les attaque.

VUE GÉNÉRALE DE FLORENCE.

Aux villes qui la respectent, elle ne demande que des traités de libre transit. C'est parce que les seigneurs féodaux ne la respectent pas, qu'après les avoir vaincus, plutôt que de les mettre à mort, elle les contraint à résider, avec ses bourgeois, derrière ses murailles. Elle se flatte qu'ils y seront impuissants. Pour éviter leurs morsures, elle les réchauffe dans son sein. Mieux eût valu, selon Dante, avoir sa frontière à deux milles de ses portes que de les ouvrir à « ces gens-là ».

Ces gens-là, ces nouveau-venus trouvaient, à l'intérieur de la ville, la vie bourgeoise dès longtemps organisée avec quelques éléments de civilisation. L'horreur des barbares pour le séjour des villes y avait laissé aux habitants la liberté de s'administrer eux-mêmes dans de précaires conditions. Derrière les buissons d'épines qui remplaçaient les murailles renversées, renaissait le sentiment de la personnalité civile. Du comte, vicaire de l'empereur, on obtenait quelque justice. Par l'élection de l'évêque on reprenait le goût d'élire des magistrats. Dans les écoles, les livres antiques rappelaient les termes de la société romaine. Les *Scholæ militum* des Césars avaient donné l'idée des *Scholæ artium* ou corporations d'artisans et de marchands. Des chartes nombreuses, octroyées par le suzerain tudesque, reconnaissaient l'existence de ces associations, et par là les fortifiaient. Où manquait la charte, une tolérance intéressée en tenait lieu. A la faveur des luttes de l'empereur contre le pape ou contre ses vassaux et des vassaux entre eux, les petites gens usurpaient la liberté comme leurs maîtres avaient usurpé la tyrannie.

En brisant ainsi à la longue le cercle de fer qui l'enserrait à l'étouffer, Florence s'ouvre les voies de terre et de mer pour écouler ses produits. Déjà y prospère l'industrie de la laine. Si la matière première manque sur ce sol mal arrosé, mal cultivé, mal protégé, des communications plus faciles et des transports moins onéreux permettent de recevoir, pour les transformer en draps fins, les laines de Sardaigne, de Barbarie, d'Espagne, de France, d'Angleterre. Avec son goût natif, la cité toscane fabrique mieux qu'on ne fait en Flandre et dans le Brabant. Elle remet sur le métier les draps mal tissés et leur donne une nouvelle teinture. Ces draps à sa marque et d'une valeur toute nouvelle sont recherchés jusqu'en Orient, où ils s'échangent contre les drogues et les couleurs employées pour les teindre, tandis qu'en France et en Angleterre, le prix de la vente sert à acheter en plus grand nombre les draps destinés à une seconde préparation.

L'industrie de transformer en draps fins les draps communs, qu'on appelait *panni oltramontani* ou *franceschi*, forma bientôt une branche de l'art de la laine. Cette branche reçut le nom de la rue où elle ouvrait ses boutiques, rue qui débou-

MAISON DE L'ART DE LA LAINE.

chait au *Mercato vecchio* et qu'on désignait sous le nom quelquefois de *strada francesca*, plus souvent de *Calimala* (*callis malus*) parce qu'elle conduisait à un mauvais lieu. En parlant de l'art de Calimala, on disait aussi volontiers « l'art des marchands », c'est-à-dire des marchands par excellence.

Après l'art de la laine et la branche de Calimala, venait, dans la hiérarchie, l'art de la soie. Importé d'Orient par Roger

MERCATO-VECCHIO.

de Sicile, dès 1148, il ne put prendre le premier rang : les Florentins n'étaient pas assez sûrs de leurs débouchés pour travailler en grand nombre une matière dont la main-d'œuvre décuple la valeur. Chemins mal entretenus et infestés de brigands, difficulté d'obtenir de Pise l'accès à la mer, multiplicité, énormité des taxes de transit, de déchargement, de dépôt, ignorance de l'écriture, qui rendait impossible par lettres une correspondance avec les pays étrangers, et nécessaires de continuels voyages pour accompagner soi-même ou faire accompagner ses marchandises, enfin, quand on pouvait employer les vaisseaux d'une ville voisine, risques ordinaires de la mer et de la piraterie, odieux usage de confisquer avec leur contenu les navires naufragés, tout était obstacle à l'industrie et au trafic.

MERCATO-VECCHIO.

Les trois arts de la laine, de Calimala, de la soie n'eussent donc point pris leur essor, si les Florentins ne les avaient favorisés par la création de « l'art » des changeurs ou banquiers, vraiment nouveau dans la forme qu'ils lui donnèrent. Leur esprit droit et pratique comprenait, à l'encontre de l'Église et de Dante, que l'argent est une marchandise ; qu'il peut être donné à loyer comme une maison, une voiture ou un cheval ; que le prêt d'argent est un service rendu à autrui, une privation pour soi-même ; que la transformation du capital en un chiffon de papier en diminue la valeur intrinsèque; qu'on court risque de ne point retrouver la somme prêtée, et que ce risque, comme ce dommage, exige une rémunération. Pour faire obstacle à la concurrence commerciale, ils proportionnèrent le taux de l'argent au bénéfice présumé de l'emprunteur; ils prêtèrent ainsi à 30 et 40 pour 100. C'est pour les en punir que Dante a placé dans son Enfer les usuriers sous une pluie de feu.

Le dévouement des Florentins à l'Église contribua pour une bonne part aux progrès de l'art du change. A Rome affluaient les trésors du monde entier, revenus du pape et des prélats, obole de Saint Pierre, offrandes de toute sorte. Être chargé de percevoir ces deniers, de les faire parvenir aux destinataires, c'était avoir le maniement de la plus grande partie des capitaux en circulation. Dans les mains par où ils passaient, il en restait toujours quelque chose, sans parler de la commission payée aux intermédiaires. Or, dès le XIIe siècle, nos marchands florentins portaient déjà le titre de changeurs du pape, *campsores papæ.*

L'office journalier des changeurs s'imposait. L'extrême complication des monnaies faisait de la connaissance de l'argent une science. Le poids et la valeur n'étaient plus dans un rapport constant. L'or ayant disparu sous les Carolingiens, tout payement de quelque importance devenait un embarras et un danger. La lettre de change y remédia. Si les Juifs et les Vénitiens l'ont connue avant les Florentins, ceux-ci ont eu le mérite de généraliser la substitution d'une légère feuille de papier à la monnaie encombrante et aux pesants lingots, comme de rétablir, d'un pays à l'autre, l'équilibre entre la valeur réelle de l'argent et sa valeur légale, comme de supprimer les chances probables de pillage, les causes certaines de perte devant lesquelles le trafic reculait.

L'art du change devint ainsi, à ne considérer que le fond des choses, le premier de tous. Ces « chiens lombards », — c'est le nom dont on les flétrissait au nord des Alpes, — enrichissaient leur patrie non moins qu'eux-mêmes. C'est grâce aux trésors qu'ils y firent affluer qu'elle put acheter aux seigneurs leurs châteaux, pourvoir ses milices toujours sur pied, asservir les villes voisines, s'agrandir en même temps et se fortifier, construire dans son sein de nombreux palais.

A ces quatre arts, il en faut ajouter trois autres déjà constitués en 1193. D'abord les médecins et apothicaires, de qui dépendaient les chirurgiens et les accoucheuses. Ils tiraient leur importance moins des soins par eux donnés à la vie de leurs semblables qu'à la vente des épices d'Orient, alors si recherchées, dont les apothicaires ou *speziali* avaient le dépôt et le débit. Venaient ensuite les peaussiers, très florissants aussi, l'usage étant fort répandu des peaux et fourrures pour se vêtir ou orner ses vêtements. Si ces deux arts ne sont pas au niveau des premiers, c'est que la règle, chez les Florentins, fut toujours de donner le pas à ceux qui leur assuraient des relations étendues au dehors. Plus tard, le trafic des épices connut les grandes affaires ; mais il nuisit toujours aux *speziali*, élevés à la dignité de marchands épiciers, d'avoir dans leurs rangs les médecins et les chirurgiens, empiriques et opérateurs qui ne vendaient pas.

Les juges et les notaires formaient un dernier art. Eux non plus, ils ne vendaient pas ; mais parce qu'ils rendaient la justice, impérieux besoin des faibles dans les temps de violence, on les tenait en haute estime ; on leur donnait, comme aux chevaliers, le titre de *messere*. A la longue même, cet art prit la tête dans la hiérarchie. Dès la première moitié du XIIIe siècle, les tribunaux de quartier, pour s'affranchir des influences de voisinage, en vinrent à se grouper dans la vieille église de San Michele *in Orto*, ou dans le jardin attenant. Chacun d'eux y eut sa « boutique », avec une enseigne sur la porte : ici un chevalier, là un lion, ailleurs une rose. Ces noms servaient à les désigner officiellement. Un consul, un juge, deux provéditeurs, deux notaires, c'est ainsi généralement qu'ils étaient alors composés.

A peine convient-il de mentionner les autres métiers nécessaires à la vie : boulangers, bouchers, tailleurs, cordonniers et bien d'autres. Réputés vils, ils n'étaient point au nombre des arts ; ils ne comptaient pour rien dans l'Etat, qu'une minorité seule constituait. Aux dernières années du XIIIe siècle, les habitants en possession de leurs droits civiques tenaient encore leurs assemblées dans un palais ou une église : ils ne devaient guère dépasser le chiffre de 1,500. A la fin du XVe, ils n'étaient encore que 3,200, quoique la ville se fût beaucoup agrandie, quoiqu'on y eût fait révolutions et lois pour étendre le droit de cité. Les *contadini* ou paysans, toujours attachés à la glèbe, n'avaient ni les droits du citoyen, ni même ceux de l'homme libre. Dans la ville abondaient les gens de condition servile ou qui, sans être nés de serfs, y vivaient comme étrangers. C'est qu'ils ne payaient pas d'impôts : on n'en exigeait que des nobles résidant et de l'aristocratie marchande des sept arts.

Les chefs de ces arts ou métiers, de bonne heure appelés consuls, y faisaient la police et presque la loi. Ils n'avaient point, hors de leur art, d'autorité officielle ; mais fallait-il prendre quelque mesure d'intérêt général ou défendre Florence de quelque danger, ils se réunissaient tout naturellement, et, réunis, on peut sans exagération dire qu'ils représentaient la communauté ; seuls ils étaient en mesure de recueillir l'héritage du vicaire impérial, qui s'effaçait de plus en plus dans son impuissance, et c'est ainsi, sans institution formelle, qu'ils devinrent des magistrats communaux. Ce que l'histoire appelle improprement la « révolution des consuls » n'est donc autre chose que le lent progrès de leur pouvoir, et l'on ne saurait assigner aucune date précise à cette transformation. Des consuls ayant d'autres attributions que de gouverner leurs métiers, on en trouve dès 1101. La comtesse Mathilde, qui régnait encore, tolérait donc une sorte de coutume communale, pourvu que son autorité fût respectée.

Or san Michele. — Vue de la façade.

Elus pour un an, ces consuls sont longtemps, si l'on ose dire, des maîtres Jacques : ils rendent la justice à ceux de leur art, et ils administrent la ville. C'est seulement en 1204 qu'on trouve distingués les uns des autres les *consules justitiæ* et les *consules civitatis*. L'usage finit par prévaloir de fixer le nombre de ces derniers d'après celui des quartiers ou des portes, en donnant à chacun de ces quartiers tantôt un, tantôt deux consuls ou « prieurs ». A partir de ce jour, Florence eut un gouvernement digne de ce nom, gouvernement communal et oligarchique, où un sénat de cent *buoni uomini* (bons hommes, prudhommes) paraît avoir eu pour mission d'élire et de contrôler les consuls. Un chroniqueur donne la date de 1195. « Auparavant, dit-il, la ville se gouvernait à la manière des villages, sans ordre, bon usage, ni statut. »

C'est donc à ses métiers qu'elle dut d'avoir une constitution fixe : elle leur empruntait leur organisation en l'élargissant. Mais au milieu de ces hommes de labeur vivait une classe de nobles qui les méprisait pour leur naissance et les haïssait pour leurs richesses : Allemands acclimatés sur les bords riants de l'Arno, hobereaux campagnards descendus de leurs castels, de force après leur défaite ou de bon gré par goût des jouissances urbaines. Pour sortir de leur isolement rural, ils se soumettaient au droit commun, progrès d'autant plus remarquable de l'égalité civile qu'il vint en partie d'une aspiration des anciens maîtres, au lieu d'être une conquête sur eux.

Des conditions assez dures leur étaient faites pour prévenir toute rébellion ; mais ils avaient des privilèges. On tolérait qu'ils ne fussent pas justiciables des tribunaux consulaires, qu'ils vécussent oisifs au cœur de la ruche, entourés d'une clientèle armée qui usait de ses armes sans scrupule. On approuvait qu'ils cherchassent les occasions de montrer leurs aptitudes militaires. On ne leur marchandait, au retour, ni récompenses, ni honneurs. Une population de bourgeois et d'artisans prenait volontiers parmi eux ses consuls. Elle n'avait garde de leur enlever les châteaux qu'ils possédaient encore. Elle trouvait bon qu'ils y résidassent durant la saison des combats, pour y guerroyer comme en des postes avancés. Elle faisait d'eux, en quelque sorte, des feudataires communaux. Jadis elle avait exploité contre eux la colère des paysans qu'ils opprimaient; c'est désormais contre les paysans qu'elle tourne leurs bras. Capitaines ou magnats, comme elle les appela successivement, elle se félicitait de leur concours autant que de leur soumission, d'autant plus qu'ils ne le refusaient pas même contre leurs pareils encore récalcitrants. Renards ayant perdu leur queue, ils tenaient cet ornement pour inutile. Heureuse complicité en effet : leur inaction eût rendu impossibles de nouvelles campagnes au dehors, par crainte que l'éloignement des milices ne les fît maîtres au dedans. A vrai dire, ce péril devenait moindre

TOUR DES GUELFES.

chaque jour. « Dans la seconde moitié du XIIe siècle, écrit Otton de Freising, on n'eût pas trouvé un personnage de marque qui ne fût soumis à sa ville. »

Mais volontaire ou forcée, cette soumission ne changeait pas le naturel d'hommes belliqueux. Ils se tenaient en défiance et en garde contre ceux qu'on peut nommer dès lors leurs concitoyens. A tout instant des querelles, qui se vidaient souvent par les armes. Etant moins nombreux, les nobles marchaient la dague au poing, regardant derrière eux et au détour des rues ; ils transformaient en forteresses leurs maisons ; ils y élevaient de hautes tours. Selon Giovanni Villani il y en avait, dans le principe, cent cinquante. Il y en eut plus tard bien davantage, puisque toute famille riche ou puissante avait la sienne; puisque, aujourd'hui même, après tant de siècles écoulés et de ruines amoncelées, on en voit debout un si grand nombre encore, qui donnent à Florence son aspect sévère et saisissant.

De forme carrée ou rectangulaire, ces tours n'avaient pas plus de sept ou huit mètres de côté ; mais elles en avaient deux d'épaisseur. Les moellons, les pierres, les gros cailloux de l'Arno dont elles se composaient étaient joints d'un solide ciment, dont n'eussent triomphé qu'avec peine l'acier, la mine même. On y entrait par une porte étroite et basse; on y montait par un escalier plus étroit encore. A chaque étage une seule fenêtre. Aux angles parfois un soupirail, pour donner passage à la lumière, surveiller l'ennemi, lancer des flèches. Au sommet, une terrasse crénelée d'où pleuvait impunément une grêle de traits. On y dressait, à l'occasion, des machines à l'antique, pour porter plus loin. L'huis était-il enfoncé ou brûlé? les assaillants ne pouvaient qu'un à un en gravir les degrés; on les tuait presque sans péril; on se faisait un rempart de leurs corps. La défense ayant tous les avantages dans ces réduits presque inexpugnables, ils servaient de point de ralliement. La forme des créneaux indiquait la faction dont on y soutenait la cause. Quelquefois, les tours étaient si rapprochées qu'on se pouvait frapper de l'une à l'autre, ce qui dut

TOUR DES GIBELINS.

arriver bien souvent, l'état de guerre entre concitoyens étant pour lors l'état normal.

Les nobles, en effet, n'étaient pas seuls fauteurs de divisions et de discorde. Marchands et artisans, rivaux d'industrie ou de trafic, ne regardaient au-dessus d'eux qu'avec jalousie et au-dessous qu'avec mépris. Ils se plaisaient à voir ces rudes seigneurs s'appauvrir par l'inaction et le luxe, s'épuiser par leurs querelles souvent ensanglantées. Ils les traitaient sans égards, lorsqu'ils les voyaient s'adresser, de guerre lasse, aux tribunaux. Mais ils n'étaient pas moins défiants de la multitude qui ne comptait pour rien dans l'Etat, sauf aux jours d'émeute où s'appesantissait son robuste bras, et ils enrageaient d'être réduits à la favoriser, pour avoir un point d'appui. Ils lui fournissaient même des recrues. L'usage était d'affranchir des serfs pour fêter les événements heureux et pour encourager l'immigration, car tout serf immigrant devenait un homme libre. Leur travail diminuant leur pauvreté, leur tache originelle s'effaçait, et, peu à peu, ils se rapprochaient de la classe des marchands. Ils y entraient même, s'ils avaient su devenir riches, et la bourgeoisie s'infusait ainsi un sang nouveau.

Pendant que les humbles montaient, certains magnats aspiraient à descendre. Dépourvus de morgue ou vaincus par la misère, ils se faisaient peaussiers, tisserands, charpentiers. La classe intermédiaire se recrutait donc par en haut et par en bas. Elle tendait de plus en plus au premier rang. Le nivellement progressif préparait une démocratie bourgeoise. Cette classe, que les chroniqueurs appellent *primo popolo,* va constituer *il comune,* la cité. Elle forme dès lors comme une aristocratie de fait, car elle nomme seule aux emplois, et aucune incapacité légale ne l'en écarte. Si, dans le principe, les roturiers y nommaient de préférence les nobles et se contentaient d'être électeurs, les électeurs étaient maîtres dans une ville où aucun office ne fut jamais de longue durée.

Nobles et roturiers se fussent bientôt confondus, sans la différence d'humeur qui rendait la guerre agréable aux uns, déplaisante aux autres. Ceux-là y voyaient, pour la plupart, la seule forme honorable et fructueuse du travail; ceux-ci, au contraire, l'interruption de leur travail, la perte de leurs profits, de leurs biens, peut-être de leur existence. Cette répulsion caractéristique jetait ces derniers, dès les temps carolingiens, dans la misérable condition de serfs d'église. Charlemagne avait dû défendre que personne, sans sa volonté, se consacrât à Dieu, et Lothaire déclarer libres les enfants d'un homme volontairement esclave. Sous les comtes, on ne marchait que par ordre et les réfractaires ne se comptaient pas.

Ainsi avait disparu l'infanterie, force principale des armées antiques et de toutes les solides armées. Le mot *miles,* l'opposé *d'eques* chez les Romains, finit par signifier cavalier. *Cavalcare* veut dire aller en guerre, et l'on en vient à nommer *cavalcate* certaines expéditions d'où ne sont pas exclus les *pedoni,* hommes de pied. Mais les intérêts font violence aux goûts et imposent la loi. Toute ville qui s'érige en commune a des biens à défendre et des voisins à combattre, veut s'arrondir pour respirer, pour assurer sa subsistance et son trafic. D'où, sous une forme bien modeste, la résurrection de l'infanterie : des artisans et des marchands, manquant de loisirs pour s'exercer au cheval, ne peuvent combattre qu'à pied. La cavalerie des magnats suffisait bien à ces expéditions dévastatrices qu'on appelait des *guasti*, sorte de *razzias* où l'on cherchait moins à prendre qu'à détruire; mais l'infanterie était seule propre à ces sièges qui, dans l'inexpérience de l'art, duraient de longs mois.

Les quartiers s'organisèrent donc militairement. Chacun d'eux fournit sa compagnie de milice, eut sa bannière. Les expéditions étaient courtes, mais se renouvelaient. On en supputait les chances, comme dans une entreprise commerciale. On savait fuir, comme les héros d'Homère, quand on se voyait le plus faible. Ce n'est pas à Florence, ni ailleurs en Italie, qu'on eût dit : « Tout est perdu, fors l'honneur. » L'honneur était de réussir et il n'y avait pas de honte à échouer, non plus qu'à sauver sa vie. Des hommes de pied ont bien le droit d'esquiver la cavalerie. Ainsi font, devant les magnats, sorte de centaures, ceux qu'on appelle *popolani,* terme intraduisible qui désigne tous les hommes non-nobles, sans distinguer, comme on le fait souvent dans la vie civile, entre la bourgeoisie ou *popolo grasso* et la multitude ou *popolo minuto*.

PALAIS DU PODESTAT OU BARGELLO.

Dans chaque quartier, les magnats de la ville fournissaient deux compagnies de cavaliers qui s'armaient de pied en cap ; les *popolani* deux de *pedoni*, armées, l'une de l'arbalète, l'autre de la lance et du pavois ou bouclier. C'étaient deux corps d'élite. Le reste des citoyens, quand ils prenaient les armes, n'avait en main que l'épée. De dix-huit à soixante-dix ans personne n'était dispensé. Convoqués au son de la cloche, ils obéissaient à des capitaines, porte-bannières ou gonfaloniers, sans autre obligation précise que de combattre et de ne pas trop s'éloigner du gonfalon. Les engagements n'étaient que combats singuliers ou pêle-mêle confus, comme au temps de la guerre de Troie. Ni plan, ni tactique : la bravoure était tout et le sort décidait. L'infanterie se gardait soigneusement des chevaux et ne tenait bon que derrière des murailles ou des barricades, à l'ombre en

Cour intérieure du palais du Podestat.

quelque sorte de la demeure privée et pour des intérêts personnels.

Les chefs de compagnies obéissaient le plus souvent à un magistrat qui cumulait les fonctions de juge et de général. La fonction de juge avait été d'abord sa raison d'être. On pensait qu'entre les partis il fallait un arbitre. Dans les villes où dominait l'empereur, ses commissaires portaient le nom de *potestates*. L'institution en était odieuse. Elle cessa de l'être quand les villes obtinrent le droit ou prirent la liberté d'élire elles-mêmes leur *potestat* ou *podestat*, comme ne tarda pas à dire un peuple trop disposé à amollir la langue. Dès 1184, à Florence, on voit un officier public portant ce titre. On le choisissait encore alors parmi les nobles de la ville; mais à partir de 1200 on ne choisit plus que des nobles étrangers. En 1212, l'institution a pris racine : on n'y voit plus d'interruption. Elu d'abord pour un an, plus tard (en 1290), seulement pour six mois, le podestat pouvait être une fois réélu, et il l'était à l'occasion. Unique de son espèce, il ne craignait pas les conflits de pouvoir. Presque toujours pris parmi les juristes, il pouvait prononcer en connaissance de cause sur les épineuses questions du droit féodal et du droit romain. Ne venant dans la ville qu'à l'heure d'y remplir sa charge, repartant aussitôt après l'avoir remplie, ne frayant point, durant son séjour, avec les habitants, il n'était pas, comme les juges-consuls qui l'avaient précédé, sous la pression des uns et la vengeance des autres. Il rend des arrêts et il les exécute lui-même, comme il exécute les ordres de la commune. Il a des conseillers en nombre variable, et il est en marche pour devenir le chef du gouvernement. C'est à lui, de préférence, qu'adressent leurs missives papes, empereurs, seigneurs du dehors. S'il reçoit, en cas de guerre, le ceinturon du commandement, c'est qu'il est, en qualité de noble, coutumier des combats. Rien n'est plus étranger aux Italiens du moyen âge, et même de la Renaissance, que l'idée de la séparation des pouvoirs.

Bien vu de l'empereur parce qu'il en émane originairement et parce qu'il en respecte l'autorité; des nobles parce qu'il est un d'eux; des marchands parce qu'il n'a avec eux aucun sujet de rivalité, le podestat est admis à se mêler de toutes choses, et la pratique, à cet égard, devient une théorie: on la trouve exposée au premier livre de politique qui ait paru en Italie, l'*Oculus pastoralis*. Le chroniqueur Paolino de Pieri, qui a su voir dans la charge des consuls la première ébauche d'un gouvernement, date de celle du podestat l'institution d'un gouvernement régulier. Les premiers auteurs florentins désignent les années par le nom des podestats, comme ceux de Rome païenne par le nom des consuls.

Chose singulière! cette concentration des pouvoirs aux mains d'un magistrat étranger et noble, dont les nobles pouvaient espérer la connivence, est pourtant alors la forme que prend l'émancipation. Il y faut voir par conséquent un grand pas vers la liberté communale. Le mouvement vers des institutions plus ou moins libres devient irrésistible. Les seigneurs eux-mêmes, sur leurs terres où ils sont les maîtres, doivent là-dessus imiter les villes pour en diminuer ou en ralentir l'influence grandissante. Mais ce fut en pure perte. Florence continua de leur être préférée, parce que, en donnant la liberté, elle suivait son penchant, tandis que, même pour accorder moins dans leurs domaines, ils se faisaient une visible violence.

L'humble ville issue des *villette* est maintenant dans la fleur de sa jeunesse. Elle a déjà, quoi qu'en disent Dante et les chroniqueurs, des vices qui chassent bien loin l'idée de l'âge d'or; mais elle marche désormais à la tête des peuples d'Italie, mettant de l'ordre dans le désordre, de la grâce dans l'énergie, quelquefois même de l'humanité dans la fureur. Elle prend intérêt à tout et se montre apte à tout, aux belles-lettres comme au trafic, aux beaux-arts comme à l'industrie. Elle est prête à tenir en ses mains le flambeau presque éteint de la civilisation. Le temps n'est pas très éloigné où le peintre

Bernardo Cennini pourra dire que rien n'est difficile au génie des Florentins, et, bien auparavant, le pape Boniface VIII aura dit d'eux qu'ils sont le cinquième élément de l'univers.

CHAPITRE II.

LES INSTITUTIONS.

Conditions intérieures. — Guerres extérieures. — Le *carroccio*. — Guelfes et Gibelins. — Les Guelfes vainqueurs s'organisent. — La force armée. — Le capitaine du peuple. — Les conseils du capitaine et du podestat. — Les prieurs des arts. — Les sages. — Organisation et mécanisme des conseils et de l'assemblée à parlement. — Les bourses. — Les arts majeurs et mineurs. — Les nobles et les gibelins persécutés. — La *parte guelfa*. — Association menaçante des grands. — Les arts majeurs et moyens réunis. — Les ordonnances de justice. — L'exécuteur de justice. — L'*ammonizione*. — Le conseil des Deux-Cents sous l'oligarchie. — Le scrutin secret. — Les *accoppiatori* et les septante sous Lorenzo des Médicis. — Le Grand Conseil et le Conseil des Quatre-Vingts sous la théocratie. — La royauté de Jésus-Christ. — Le gonfalonier à vie. — Retour au gonfalonier de deux mois. — Le principat héréditaire.

Rien n'est plus surprenant qu'une prospérité déjà si brillante au milieu de luttes intérieures et extérieures qui eussent épuisé ou tout au moins absorbé d'autres populations. Florence était partagée entre des factions ennemies un jour, amies le lendemain. Les combattants de la veille mangeaient ensemble, et, après boire, se contaient les prouesses dont leurs commensaux eux-mêmes avaient pâti. Pour se mieux défendre, les familles d'un parti se groupaient le plus possible dans leur quartier ou *sestiere* (car il y en avait six), dont ils faisaient comme un camp retranché. L'adversaire y avait d'ailleurs des intelligences, et quelquefois sa demeure propre, ce qui permettait la guerre civile sur place. On vivait donc chez soi sur le qui vive. Tout se fermait, boutiques et maisons, à la moindre injure ou menace. On élevait des barricades, des palissades, des chevaux de frise. On ne posait les armes qu'à la nuit, pour relever les blessés et les morts, pour faire à ceux-ci, le lendemain, des funérailles où la tristesse ne présidait qu'en cas de défaite. Le travail était aussi facilement repris qu'interrompu : le moindre artisan maniait avec une égale aisance la dague et les outils. Ne connaissant point l'émotion nerveuse et maladive des temps modernes, ce peuple s'accommodait fort bien de l'incertitude. Il pensait qu'à chaque jour suffit sa peine, et il s'enrichissait sans cesser de combattre, soit au dedans, soit au dehors.

LE CARROCCIO.

La guerre civile en effet, ne suffisait point à cette incroyable activité. A tout instant, à tout propos recommençait la guerre extérieure. Une statue de marbre dirigeait-elle vers Florence sa main, où le pouce passait entre l'index et le médium, cette offense voulait du sang. On mettait en mouvement le *carroccio,* char traîné par des bœufs recouverts de drap rouge, et qui était, en Toscane comme en Lombardie, l'image ambulante de la cité. Par derrière, marchait un autre char où se voyait suspendue la cloche dite Martinella, qui, pendant tout un mois, avait sonné jour et nuit pour appeler les citoyens aux armes, et en même temps — les mœurs étaient chevaleresques sur ce point — pour avertir l'ennemi de préparer sa défense. Sur la plate-forme du *carroccio,* assez grande pour qu'on y pût dire la messe et même combattre, se dressaient deux antennes, rouges comme tout le reste, et du haut desquelles flottait la bannière rouge et blanche, aux couleurs de Florence et de Fiesole. Confié à la garde de la jeunesse, sous la direction d'un capitaine spécial et la protection sacrée d'un prêtre, ce prosaïque palladium ne s'avançait qu'au son des trompettes. De là partait l'ordre de combattre; là était le point de ralliement. Le signe sensible de la défaite, c'était la perte de ce char. L'ennemi vainqueur le promenait en triomphe, les antennes renversées, les ornements dans la boue, et la populace le couvrait d'ordures.

Les bravades et les insultes étaient une des formes favorites de ces guerres entre voisins. Aux abords de Sienne, par exemple, les Florentins abattaient un pin séculaire, symbole de la puissance siennoise, et sur la porte même clouaient un écu orné du lis, leur propre emblème. Ne pouvaient-ils forcer d'épaisses et hautes murailles? ils jetaient par-dessus, dans les rues, au moyen de catapultes, d'énormes pierres, des immondices, et, marque souveraine de mépris, un âne mort, ferré d'argent et coiffé d'une mitre d'évêque. Les machines manquaient-elles pour lancer cette charogne? ils pendaient, en vue des assiégés, trois ânes portant au col les noms de trois des plus considérables d'entre ceux-ci. Avec ces mœurs outrageantes, les accalmies n'avaient pas de lendemain.

Et comme si ce n'était assez de ces querelles de quartier et de voisinage, la grande rivalité des deux factions pontificale et impériale, des guelfes et des gibelins, y ajoute les plus terribles ferments de discorde. Il n'est rien qui ne rappelle et ne ravive les griefs, qui ne serve à se compter et à se menacer. Tout diffère d'un parti à l'autre : les habitudes, les gestes, les actes, la couleur des vêtements, la forme des créneaux et des tours, les lieux de réunion et de promenade, la façon de couper l'ail et de faire claquer les doigts. Les uns se réunissent dans l'église de San Pier Scheraggio, à côté du palais communal; les autres au Baptistère de San Giovanni. Ceux-là ont trois fenêtres de front à leurs demeures, ceux-ci deux seulement. On prête serment d'une part en levant l'index, de l'autre en levant le pouce. Ici, on coupe les pommes en travers, là perpendiculairement. Aux vases simples on oppose des vases ciselés, aux roses blanches des roses rouges. On est pour l'empereur ou pour le pape, selon qu'on porte à gauche ou à droite les plumes du chaperon.

LA MARTINELLA.

Ce qu'il y a de pis et qui embrouille encore l'écheveau déjà si emmêlé, c'est que les guelfes, ennemis des gibelins dans leur propre ville, sont amis des guelfes dans la ville voisine, celle-ci fût-elle en guerre contre leur patrie; c'est que, la lutte des investitures terminée, quand on n'attend plus de Rome ou d'Allemagne le salut, les deux factions subsistent en se transformant : est guelfe qui défend contre la noblesse le peuple, est gibelin qui défend contre le peuple ou les communes le système féodal. Des amis de l'empire, bons catholiques, font décider que leur cri de ralliement sera désormais, non plus : Vive le parti de l'empire! mais : Vive le parti gibelin! Le sens est le même, et pourtant les plus inquiètes consciences se sentent rassurées. Telle est sur la frivolité humaine la puissance des mots. En entendant ce cri dans les rues, les guelfes répondent d'instinct : Vive le parti guelfe! et en voilà pour des siècles. Déjà le sens a changé; il changera encore. Q'importe? chacun saura reconnaître les siens. Ce que masquent ces noms d'emprunt, ou, si l'on veut, ce qu'ils désignent, c'est l'interminable duel de l'aristocratie défendant les positions conquises contre la démocratie ardente à les conquérir.

Longtemps les gibelins ont dominé grâce à l'appui des impériaux; l'armée impériale partie, les guelfes prennent leur revanche et s'affermissent par de vigoureuses précautions. En 1250, les *anziani*, qui, depuis 1234, on remplacé les consuls, ramènent de cent vingt brasses en hauteur à cinquante les tours des magnats; ils organisent vingt compagnies de *pedoni* et six de cavalerie. Comme ils ont en outre à leur disposition les gardes du *carroccio*, les archers, les arbalétriers, les irréguliers, les ribauds, ils se sentent forts. Pour le devenir davantage, ils exigent que les quatre-vingt-seize *pivieri* ou paroisses du *contado* ou territoire fournissent chacune sa compagnie et la dirigent sur Florence dès que sonnera la cloche communale. A toute cette force armée est donné un chef qui porte le titre de capitaine du peuple, qui doit, comme le podestat, être étranger, guelfe et noble. On croyait toujours à la supériorité militaire des nobles, et l'on pensait qu'un noble grassement payé servirait avec zèle les intérêts populaires, ce qui n'était pas faire grand état de ses convictions ou de ses passions de parti.

Ce capitaine n'est point un dictateur. Contre ses empiètements possibles, les *anziani* et le podestat sont de vigilants argus. Le podestat, d'ailleurs, garde dans ses attributions, avec les causes civiles et criminelles, le commandement des troupes au dehors. Lui, il ne les commande qu'au dedans; mais de lui relèvent toutes les causes qui ont pour principe la plainte d'un *popolano* ou homme non noble, pour objet la répartition des taxes, les extorsions, les violences, pour motif l'insubordination, les soulèvements de la noblesse. Ce partage bizarre est l'indice d'une distinction essentielle qui s'est imposée aux esprits. *Il comune*, la commune, est l'ensemble des habitants en possession des droits civiques. Le podestat en est le chef. Seul

PALAZZO VECCHIO.

il représente l'État. *Il popolo*, le peuple, obéit au capitaine et ne comprend point les nobles dans ses rangs. Situation grosse de tempêtes, mais qui fut durable : il y a des plantes vivaces qui n'ont pas besoin d'une atmosphère paisible pour prospérer.

Jusqu'alors, les *anziani*, successeurs des consuls, avaient été le pouvoir central. Ils jouissaient du droit d'initiative, mais ils devaient prendre l'avis d'un Conseil des Cent, placé auprès d'eux. Le podestat, chargé d'exécuter leurs ordres et d'administrer la justice, était lui-même flanqué de deux Conseils, auxquels l'usage s'était introduit de soumettre les lois nouvelles, en commençant par celui dont les membres se comptaient en nombre moindre. Au capitaine, quand il fut institué, l'on ne donna point, comme au podestat, deux Conseils; mais il les eut tout naturellement, car il demandait leurs lumières d'abord aux *anziani*, puis à trente-six conseillers qu'on venait de créer en même temps que lui. Irréguliers et mobiles, ces Conseils deviennent, après quelques tâtonnements, fixes et réguliers. Le capitaine et le podestat sont libres d'y introduire en nombre illimité des capacités nouvelles et, par conséquent, d'y déplacer, au besoin, la pluralité des voix. L'arbitraire en aurait pu résulter, s'il n'y avait eu qu'un Conseil; mais comme il y en avait quatre, dépendant de deux officiers rivaux, les stratagèmes de l'ambition et de la brigue eussent été immédiatement déjoués.

Quoique inférieur hiérarchiquement au podestat, le capitaine, prenant part à toutes les décisions, est mis en fait sur le pied d'égalité, et il s'achemine même vers la suprématie, parce qu'il n'a derrière lui que des roturiers, mus par des intérêts conformes et suivis par le gros de la population.

Malgré ces efforts d'organisation, le lendemain fût resté inquiétant, sans la mort de Frédéric II. Dans l'effacement de la couronne impériale, inévitable quand disparaît un grand prince, Florence devient pour les villes de Toscane, et bientôt d'Italie, un phare, un modèle. Tous les yeux sont fixés sur elle. Partout on adopte sa distinction entre la commune, qui comprend la noblesse avec les petites gens, et le peuple, puissance nouvelle, qui exclut de son sein les magnats.

Ce gouvernement, toutefois, voulait être conciliateur : il ne le put. Les exilés ne cherchaient pas au loin, comme les Grecs antiques, un établissement définitif; ils préféraient les orages sous le ciel toscan, ils conservaient le désir et l'espoir d'un prompt retour dans leur ville natale. De là des proscriptions incessantes qui permettaient, pour quelques jours, de ne pas vivre chez soi à la lueur des incendies, dans le sang et le carnage, de faire prospérer par une probité sans pareille le trafic, qui disparaîtrait parmi nous devant ces convulsives et incessantes agitations. En s'assurant l'estime universelle, en frappant une monnaie loyale qui faisait préférer son florin au sequin de Venise, Florence calculait bien : elle obtenait d'utiles franchises. Ses mœurs sévères et presque étroites s'unissant à une rare largeur de vues commerciales, elle multipliait ses relations au dehors, et, tout en augmentant sa richesse, elle agrandissait le cercle de ses connaissances. Elle envoyait ses enfants s'asseoir sur les bancs de l'Université de Bologne ou sur la paille de la rue du Fouarre, comme auner des étoffes dans les boutiques de Paris, fréquenter les foires de Champagne, parcourir les Flandres, le Brabant, l'Angleterre. Les intérêts commerciaux élargissaient le champ du savoir en même temps que celui des relations, et le commerce ne pouvait que gagner à être conduit par des hommes éclairés.

Ce qui manquait, c'est la fermeté au lendemain d'un revers. Vaincus et humiliés par Sienne, les guelfes florentins, après un règne de dix ans, sont obsédés de cette énervante pensée qu'ils ne peuvent régner un jour de plus. Le retentissement de leur chute est immense : les troubadours la célèbrent en vers insultants. Mais la cause n'est pas perdue pour l'avenir : les guelfes savent désormais qu'en dix ans on peut renverser un gouvernement bien établi, soutenu d'une population compacte, redouté par la gloire de ses armes et par ses rigueurs envers les suspects. Il y suffisait de quelques familles résolues, commandant à de bons mercenaires bien payés, d'intelligences dans la place à reconquérir, et d'une solide alliance. Or l'allié, c'est Charles d'Anjou, vainqueur de Manfred ; les intelligences se trouvent parmi les gens des métiers, mécontents de l'aristocratie gibeline, et les petites gens, uniquement jaloux d'améliorer leur sort. En vain essaye-t-on, dans la ville, de rapprocher par des mariages les deux factions ennemies. Les vrais guelfes, toujours sombres et défiants, se sont tenus à distance de « l'oasis de paix », et ils n'y rentrent qu'avec la cavalerie française. Pour parler comme le pape Clément IV, « la grâce divine opérait ».

Elle opéra si bien que, sous la seigneurie de Charles d'Anjou, les guelfes, redevenus maîtres, peuvent remonter le rocher qui cesse à cette date (1267) d'être le rocher de Sisyphe : ils remanient les institutions et leur donnent les caractères principaux qu'elles garderont tant que durera la République. A côté du vicaire royal, rouage passager, ils laissent subsister le capitaine du peuple, sous condition de n'être plus que le chef des milices urbaines, et le podestat, sous condition de se renfermer dans ses attributions judiciaires, où il deviendra bientôt si ridicule que Boccace le pourra montrer dépouillé sur son siège de ses chausses par de méchants garçons, sans qu'il s'en soit seulement aperçu. Les trente-six conseillers sont réduits à douze : leur pouvoir étant surtout exécutif, on estime qu'il faut être peu nombreux pour l'exercer. Déjà, le nom d'*anziani* tend à être remplacé par celui de « prieurs des arts », qui désignait les chefs des métiers, et auquel on substituera plus tard, dans l'usage, par excès de courtoisie, celui de « seigneurs », de même que leur collège s'appellera « la seigneurie ». Ces prieurs forment, au début, le Conseil du vicaire royal; mais dès lors, nous apprend Giovanni Villani, « ils gouvernent la République, comme faisaient précédemment les *anziani* ». Voilà, bien établie, la continuité, la tradition.

La puissance des prieurs était grande, mais sans danger : elle ne durait que deux mois, et ils ne pouvaient prétendre à une réélection immédiate. De cette réélection ils n'auraient eu, d'ailleurs, qu'un faible désir : tenus de résider, de manger, de coucher en commun, il leur était interdit, en dehors de leurs audiences, de parler à personne, sauf à leurs collègues; et leurs audiences mêmes, ils devaient les donner devant les deux tiers d'entre eux. L'expiration de leur charge était pour eux la délivrance. Cette surveillance rigoureuse des uns par les autres ne paraissant pas suffisante, ils étaient astreints à ne rien faire sans l'assistance d'un certain nombre de « sages », *sapientes juris*, trait caractéristique des institutions florentines. Chaque maison de banque ou de trafic avait son sage, comme nous avons notre avocat, notre avoué, notre notaire. On leur demandait la solution des difficultés que créaient les lois si nombreuses, si souvent contradictoires, de régimes successifs. Comme en tant d'autres cas, la vie publique se modelait sur la vie privée, pour le plus grand profit de toutes les deux.

CHARLES D'ANJOU.

L'intervention des sages éclairait les délibérations des prieurs; celle des Conseils les contrôlait et les approuvait ou les rejetait. Une des grandes innovations introduites par les guelfes à l'heure du retour, c'est l'organisation régulière et définitive des Conseils. Pour toute mesure à prendre, la défiance vraiment démocratique du parti dominant s'est assuré la garantie d'une multiple délibération. La moindre résolution des prieurs est d'abord soumise au Conseil des Cent, choisis dans le *popolo grasso* ou haute bourgeoisie; puis, le même jour, aux deux Conseils du capitaine, exclusivement composés de *popolani :* l'un, dit spécial, compte quatre-vingts membres; l'autre, dit général, trois cents. La coutume s'était établie d'appeler aux séances du Conseil spécial les *capitudini* ou chefs des arts majeurs. Quand le Conseil spécial avait voté, ses membres se réunissaient à ceux du Conseil général, convoqués en même temps qu'eux dans un autre coin de la même église. Le lendemain, l'opération recommençait, avec les mêmes formalités, dans les deux Conseils du podestat ou « de la commune », le spécial de quatre-vingt-dix membres, le général de trois cents, plus ceux du spécial. Là, les nobles coudoyaient les *popolani.* Craignait-on une majorité hostile? Il restait loisible aux prieurs d'adjoindre à la minorité divers sages, juges, notaires, marchands ou même artisans estimés, qu'on nommait *arruoti* ou *richiesti.* Ils n'étaient désignés que pour une seule séance; mais pour presque toutes les séances on en désignait.

Quelquefois, ces Conseils « opportuns », comme on disait pour abréger, ne formaient qu'une seule assemblée, le Conseil du peuple, ainsi nommé parce que le capitaine du peuple y présidait. Il y avait enfin, pour des causes rares en principe, mais qui finirent par devenir trop peu rares, l'assemblée de tous les habitants immatriculés au registre d'un art, payant les impôts, guelfes reconnus et âgés d'au moins trente ans. Leur nombre était à peine de deux mille, la place du palais communal eût été assez grande pour les contenir tous; mais, quoiqu'ils fussent tenus de s'y rendre quand la cloche les y appelait, il n'en venait que la moitié, ou peu davantage, car les adversaires s'abstenaient prudemment. Entre amis on ne discutait point. Un notaire des prieurs demandait aux personnes présentes si *l'assemblée à parlement* se composait bien, comme l'exigeait la loi, des deux tiers des citoyens. Sans compter, l'on répondait invariablement : *Sì ! sì !* Puis on votait par acclamation la mesure proposée. C'était le plébiscite dans sa cynique ingénuité. Primitivement, l'assemblée à parlement se réunissait une fois sous chaque seigneurie, c'est-à-dire tous les deux mois. Bientôt, on ne la convoqua plus que par exception, pour dégager la responsabilité des offices dans les cas graves, ou pour l'engager sans péril, au grand dam des institutions et de

PLACE DE LA SEIGNEURIE.

la liberté. Pur trompe-l'œil, pur escamotage, ce procédé de consultation favorisa longtemps l'arbitraire dans le détail, jusqu'à ce qu'il le favorisât dans l'ensemble et permît aux ambitieux de se substituer à l'État. C'est au moyen de l'assemblée à parlement que presque tous les attentats liberticides furent tentés et perpétrés.

Dans le courant ordinaire de la vie, les Conseils « opportuns » suffisaient à tout, parce qu'ils se mêlaient à tout. Il ne fallait pas moins de six délibérations séparées pour voter une somme de 45 florins, nécessaire à un transport de bois; pour transférer les papiers d'un notaire mort ou déchu; pour décider qu'un mourant serait envoyé à l'hôpital; pour nommer des trompettes ou payer des copistes, des sonneurs, des balayeurs; pour réparer des armoires, accorder des ports d'armes ou des indemnités, distribuer des aumônes, louer une boutique. C'est en Conseil qu'on procédait aux élections soit des officiers publics, soit des électeurs chargés de les élire, opération qui revenait sans cesse, la plupart des offices ne durant que deux mois, et les plus longs que six, sujet toujours renaissant de débats nouveaux et de combinaisons nouvelles, puisque le mode d'élection était déterminé chaque fois, pour cette fois seulement.

Le collège des prieurs, qui avait seul l'initiative, faisait présenter ses « provisions » ou propositions aux Conseils par un notaire. Personne n'avait le droit de les combattre que par de brèves paroles, le cas fût-il grave ou imprévu. Un certain Cece Gherardini s'était vu menacé d'avoir la tête coupée, s'il ne se résignait à se taire dans les Conseils où se préparait l'importante campagne de Montaperti. Plus tard, on perdit même le droit de motiver d'un mot son opposition, et plus tard encore, il est vrai, on le recouvra. On parlait debout, à la tribune. Sur une question, quatre orateurs au plus pouvaient être entendus. L'usage s'établit, dans les derniers temps de la République, de charger le premier de chaque banc d'énoncer l'opinion qui avait réuni la majorité sur son banc. Le vote, généralement public, sauf au Conseil des Cent, avait lieu, d'ordinaire, par assis et levé; mais le président pouvait réclamer le scrutin. En ce cas, on décidait à la moitié plus un des suffrages exprimés, sauf pour déroger aux statuts ou constitutions de l'État : le vote qui décidait d'y apporter une modification quelconque devait réunir les quatre cinquièmes des votants. Ne pouvait-on les réunir? L'affaire était renvoyée soit à un Conseil de *richiesti*, soit au podestat, au capitaine, aux prieurs, sans l'assistance d'aucun Conseil. En dernier ressort, au besoin, restait l'assemblée à parlement.

Il ne faut pas trop s'étonner que cette race de marchands, si heureusement douée qu'elle dût bientôt paraître dans les belles-lettres et les beaux-arts, n'ait jamais favorisé l'essor de l'éloquence : elle connaissait trop le prix du temps pour n'en pas laisser la plus grande part possible à l'action. Comment aurait-on eu l'idée de débattre longuement des propositions ou déjà débattues ou qu'on savait devoir être, par un grand nombre des mêmes personnes, l'objet d'un nouvel examen? Ce désir de faire bref explique aussi la sévérité draconienne du règlement des séances. Tout citoyen appelé à un Conseil y devait être rendu avant que l'officier public qui en avait la présidence se fût levé pour présenter les propositions des prieurs. Défense à tous de sortir avant la fin, de se lever ou de rester debout, sauf pour opiner ou faire honneur à quelque personnage, d'approcher du siège présidentiel, de dire des paroles injurieuses, d'engager des rixes, d'interrompre l'orateur, de prendre la parole avant qu'il fût descendu de la tribune, et, en aucun cas, sans l'autorisation du président. Des amendes graduées réprimaient jusqu'aux moindres infractions. Quant aux injures et aux violences, les peines étaient celles du droit commun, mais portées au double, à cause de la majesté du lieu.

L'opposition, au surplus, était, dans les Conseils, aussi rare que peu bruyante. On ne voit nulle part dans les documents, sauf aux jours de la grande crise provoquée par Savonarole, que ceux qui prenaient la parole missent de l'acrimonie dans leurs brefs discours. Les récalcitrants se bornaient volontiers à demander qu'avant toute décision, il fût procédé à une enquête. Rien n'est plus fréquent que l'avis de s'en rapporter aux prieurs et à leurs sages. En droit, les citoyens, dans leurs Conseils, avaient le dernier mot; en fait, ils suivaient presque toujours l'impulsion des prieurs. Comme ils ne craignaient guère qu'en deux mois ceux-ci pussent usurper beaucoup, ils ne répugnaient pas à une sorte de dictature qui était le correctif de l'instabilité. Cette dictature, tolérée le plus souvent, était quelquefois formellement accordée. C'est ce qu'on appelait donner *balia*, autrement dit de pleins pouvoirs, et l'on donnait balie tantôt sur un point particulier, tantôt sur tous les points.

L'esprit de liberté ne dominait donc guère plus que l'esprit oratoire. Malgré tant de qualités qui rapprochent Florence d'Athènes, elle en différait sensiblement. Toutefois, la liberté n'était pas un vain mot. Brunetto Latini propose même Florence comme le modèle des gouvernements libres. Les principaux offices ne se sentaient pas maîtres d'abuser de leurs pouvoirs. Leurs courte durée semblait et fut longtemps une garantie suffisante. Tous les Conseils étaient exclusivement composés de *popolani*, sauf les deux du podestat, où les nobles se trouvaient comme noyés, uniquement appelés pour sanctionner de leur vote des mesures qu'ils n'avaient ni préparées, ni proposées, ni discutées, ni modifiées dans les précédentes réunions. S'ils avaient le droit de ne pas se dire libres, ils n'y songeaient guère, voyant dans leur condition subordonnée l'inévitable conséquence de leur défaite. S'ils renouaient leur trame, c'était lentement et à petit bruit. Mais la bourgeoisie marchande se sentait libre, puisqu'elle régnait. Elle formait une démocratie restreinte et tout ensemble ouverte aux magnats qui daignaient descendre, comme aux petits qui parvenaient à s'élever.

La République florentine est désormais constituée. Les modifications qu'elle subira encore seront de peu d'importance ou auront un caractère social plus que politique. Sans doute, il y a encore nombre de Conseils dont nous n'avons point parlé; mais ce sont de simples rouages administratifs. C'est faute d'avoir su distinguer entre ceux qui sont essentiels et ceux qui ne le sont pas qu'on a divagué comme à plaisir sur la constitution florentine. Réduite à ses lignes principales, elle paraît simple et claire, malgré ses apparentes complications. Ce qui reste obscur, c'est la manière dans on formait et renouvelait les Conseils « opportuns ». Mais le nombre était si considérable des gens qu'on appelait successivement à y siéger, par rapport au nombre si faible de ceux qui jouissaient des droits civiques, que tous y devaient entrer à leur tour, grâce à l'originale institution des « bourses ». En 1323, il fut procédé à des élections en nombre suffisant pour quarante-deux mois, c'est-à-dire pour vingt et une seigneuries. On puisait au fur et à mesure dans ces bourses jusqu'à ce qu'elles fussent vides, et alors on les remplissait de nouveau pour une période de même durée. Ainsi, le tirage au sort, substitué à l'élection, supprimait pour près de quatre ans toute agitation électorale. Nos institutions modernes offrent quelque chose d'analogue dans la formation des listes du jury. Appliqué à la politique, ce système avait l'avantage d'initier successivement aux affaires tous ceux qui avaient qualité pour y intervenir; mais Leonardo Bruni d'Arezzo n'a pas remarqué sans raison qu'on apporte moins

Brunetto Latini.

de soin au choix des personnes pour un temps éloigné que pour le temps présent. Auparavant, l'espoir d'une prochaine revanche consolait de la défaite. Avec le tirage au sort, qui est aveugle, tous les efforts, toutes les intrigues se concentraient sur l'opération préparatoire de l'*imborsazione* ou mise des noms dans les bourses. L'agitation à date fixe devenait ainsi un danger public, sans parler de celui d'une destruction des bourses par les mécontents armés de torches ou par les incendies qui s'allumaient naturellement.

Du moins avait-on porté remède aux excès de l'instabilité gouvernementale. C'était toujours des guelfes qui succédaient à des guelfes dans les offices et des marchands à des marchands, en d'autres termes des hommes que la lutte des factions et des classes contraignait à agir selon des vues communes, nommés pour une courte période et ayant les mains liées par l'obligation d'obtenir pour toutes choses le vote de tant de Conseils. Ce qui varie, c'est le nombre de ces officiers publics, le titre qu'ils portent, l'étendue et les conditions secondaires de leur pouvoir, le mode de leur élection, en un mot l'accessoire, non le principal. Cette satisfaction donnée au goût naturel des hommes pour le changement les détournait de s'attaquer au fond et en augmentait la solidité.

Quoique ce soit le propre de l'extrême démocratie de substituer au choix le sort, par un respect mal entendu de l'égalité, on ne saurait, avec Fauriel, accuser cette constitution d'avoir exagéré la démocratie, puisque la multitude n'en obtenait aucun droit, et que ceux des nobles, restreints il est vrai, y étaient consacrés. Si les nobles souvent se faisaient peuple, allaient jusqu'à changer de nom pour flatter leurs maîtres roturiers, ceux-ci reconstituaient une aristocratie par la richesse, par l'accès difficile aux offices, par le ceinturon de chevalerie que donnaient aisément les princes de passage : aristocratie mêlée de nobles et portée par intérêt à retenir l'État sur la pente de la démagogie. Le danger eût été plutôt qu'on refusait tout droit politique à la multitude. Mais on y obviait par de sages tempéraments. Aux arts mineurs était laissé l'espoir de prendre rang, un jour, parmi les arts majeurs, et ce jour ne devait pas être celui des calendes grecques. De bonne heure, on avait vu les syndics des bouchers, des forgerons, des cordonniers s'engager comme cautions dans la paix conclue entre les partis sous les auspices du cardinal Latino, preuve que ces métiers comptaient pour quelque chose. Parfois on appelait aux Conseils les *capitudini* des cinq arts intermédiaires qui suivaient immédiatement, dans la hiérarchie, les sept arts majeurs. On allait, pour abréger, jusqu'à les confondre sous le même nom et à dire « les douze arts majeurs », dénomination nullement légale alors. Les avantages que cinq arts obtenaient, ne les obtiendrait-on pas derrière eux avec le temps ? L'espérance en était tout au moins naturelle. Les faibles savaient attendre et les forts ne pas décourager : double et singulière marque d'esprit politique dans une population si passionnée.

Le danger social des aspirations d'en bas, qui devait éclater avec tant de violence par le fameux « tumulte des *Ciompi* », n'apparaissait pas encore, ou, du moins, n'inquiétait pas. Ce qui inquiétait, c'étaient les manœuvres d'en haut pour regagner le terrain perdu, les intrigues des nobles déclassés et mécontents. Point de repos possible, si l'on n'arrachait leur dard aux frelons, pour que les abeilles de la ruche ne fussent plus troublées dans leur labeur quotidien. On ne dira jamais assez, en effet, que la politique florentine a toujours en vue la sécurité, les progrès de son industrie et de son trafic. Si Florence est guelfe, c'est parce que les guelfes ne sont pas, comme les gibelins, dédaigneux de tout labeur manuel ; c'est parce que des guelfes peuvent seuls être banquiers du Saint-Siège, et faire ainsi passer par leurs mains les deniers de la chrétienté. L'ennemi public, c'est donc le gibelin, le noble, qui, non seulement est désœuvré et turbulent, mais, en outre, trouble les laborieux par la nécessité de le contenir ou de le combattre. De là un complément d'institutions qu'il sera bien permis d'appeler institutions de combat, avec cette marque caractéristique qu'elles subsistèrent encore alors qu'il n'y avait déjà plus de combattants. Ici, il est nécessaire d'insister.

Telle était la défiance des guelfes vainqueurs qu'ils n'admettaient pas que l'on pût être ou devenir guelfe à son gré : aux offices publics il appartenait d'en décider. Rien de pénible comme la condition des gibelins. Restent-ils hors de la ville? ils sont déclarés rebelles, passibles, par conséquent, de peines personnelles et de la confiscation de leurs biens. Résident-ils dans la ville? s'ils sont nobles, ils doivent se faire inscrire au registre matricule d'un des arts, sans quoi tout accès aux charges leur est fermé. La plupart passent par ces fourches caudines : nés à Florence, ils ne goûtent pas d'autre horizon que celui de Florence. Mais ils n'exercent point l'art où ils se sont enrôlés, ils forment la classe des *scioperati* ou oisifs, et, comme l'oisiveté a toujours passé pour la mère de tout vice, de tout mal, ils sont suspects, non sans raison ; ils deviennent odieux. Magnat et gibelin, désormais, c'est tout un, comme guelfe et *popolano*. Les deux premières qualifications sont infamantes, autant que les deux autres honorables.

La défiance, la haine et aussi le désir de rentrer dans leurs biens, jadis confisqués par ces ennemis domestiques, rendaient les guelfes inventifs. De tout ce qu'ils confisquèrent à leur tour, ils firent trois parts, pour indemniser les spoliés, pour reconstituer le trésor communal, pour constituer celui du parti guelfe, *la massa guelfa*, et c'est dans ce dernier, en fait, que presque tout alla s'engouffrer. De ces biens on forma un *monte*, c'est-à-dire, pour parler le langage des financiers modernes, qu'on les capitalisa. Mesure inique au premier chef, mais efficace plus qu'aucune autre pour écraser le parti gibelin. Ces finances particulières permettent de donner au parti guelfe une forte organisation : il a des capitaines, des prieurs qui les administrent, un syndic qui les alimente par des accusations aboutissant à des amendes; il a deux conseils, l'un, secret de quatorze membres, l'autre, public, de soixante, qui nomment les officiers de *la parte*.

Cette institution privée est vite devenue un rouage actif de la machine gouvernementale. Aux officiers de la *parte* est commis le soin des forteresses, des murs, des édifices publics, de l'administration des revenus assignés à ces édifices, la direction des préposés aux tours. Bientôt, ce que les Conseils de la *parte* auront décidé, les Conseils de l'État le sanctionneront. Ce qui était assez scandaleusement un État dans l'État devient peu à peu l'État lui-même, son noyau, son âme. Ces mots qu'on rencontre dans les textes : *la massa della parte guelfa di Firenze,* y signifient maintes fois l'universalité du peuple florentin. Et si exorbitante que cette institution nous paraisse, il faut bien qu'elle répondît à un besoin du temps, puisqu'elle fut imitée ailleurs et qu'elle survécut à la République même (1267).

L'organisation de la *parte guelfa*, cependant, ne remédiait à rien et elle était en soi un danger. Les magnats, en ayant vu la puissance, s'y retranchaient peu à peu comme en un imprenable réduit : ils n'avaient pour cela qu'à se déclarer ultraguelfes, ce qu'ils faisaient souvent, alors qu'ils étaient encore gibelins au fond du cœur. Ils pouvaient ainsi tenir en échec les successives seigneuries. Plus que jamais ils entretenaient des intelligences dans le camp des roturiers. Nombre de *popolani grassi*, par désir de décrasser leur roture opulente, contractaient mariage dans la classe réprouvée et désertaient les intérêts de la leur. Le menu peuple, trop humble encore et trop éloigné des magnats pour en être jaloux, se laissait exciter par eux contre le gros des *popolani* qui l'était. Épris des fêtes, il admirait les gentilshommes qui savaient y briller, et il tendait une main avide à l'or que leur prodigalité répandait. En outre, comme ces animaux qui, battus en plaine par le vent de la tempête, se serrent les uns contre les autres pour n'en pas être emportés, les grands avaient formé une vaste association ou *consorteria*, imitée des arts. Habitant porte à porte, entourés de leurs *consorti*, de leurs clients, de leurs *famigli* ou serviteurs, ils appelaient au besoin à leur secours les campagnards de leur dépendance, et ils contraignaient les campagnards libres à signer de faux contrats qui les assimilaient aux serfs. Ainsi fortifiés, ils redevenaient agressifs. On trouvait, le matin, des cadavres déjà froids sur les dalles de la rue, si même le corps des victimes n'avait pas disparu à jamais. Ils refusaient de se soumettre aux juges, leur dérobaient ou leur arrachaient les coupables. Personne contre eux n'osait témoigner. Le plus souvent les meurtriers restaient inconnus. Les maisons de la *consorteria* ne livraient point leur secret, et le podestat ne se hasardait pas à y pénétrer. Des preuves ou présomptions assez fortes permettaient-elles de condamner quelque grand à l'amende, il se trouvait ne posséder rien en propre. Des seigneuries de deux mois n'avaient pas assez du premier pour mener à bonne fin l'entreprise répressive, et, dans le second, déjà moribondes, elles ne pouvaient plus rien. « Ce qu'on filait en octobre, écrit Dante, était défait en novembre. »

A plusieurs reprises on s'était essayé à briser le faisceau des forces ennemies, mais sans succès, faute d'accord entre les arts majeurs et les arts mineurs. Les réunir légalement, comme on les réunissait déjà quelquefois par occasion et par courtoisie, parut, un moment, être la planche de salut. Douze arts réunis devaient avoir plus d'énergie que sept d'un côté et cinq de l'autre, pour la résistance et l'agression. Les bouchers, les cordonniers, les forgerons, les charpentiers et maçons, les fripiers, ont désormais leur rang dans la hiérarchie des arts. Élargie, la base des pouvoirs publics sera nécessairement plus solide. La crainte des magnats avait précipité ce progrès de la démocratie. Un homme médiocre, mais d'humeur frondeuse et porté à l'action, Giano della Bella, ayant pris la tête du mouvement, le mouvement devint irrésistible. Il allait aboutir à une institution féroce, les *Ordonnances de justice*, qui furent pour les Florentins ce qu'est la Grande-Charte pour les Anglais. Dante, qui les désapprouvait, eut le chagrin de constater que, dans l'espèce, Florence avait su ne pas défaire en novembre ce qu'elle avait filé en octobre (1294).

DANTE.

Le titre d' « Ordonnances de justice » est trompeur, car la redoutable innovation comprend deux parties : elle est tout ensemble politique et sociale, elle fortifie les pouvoirs et promulgue un code contre les magnats. En sa partie politique, elle portait principalement sur l'élection et la charge des prieurs et du gonfalonier. Ceux qui procèdent à l'élection s'obligent par serment à n'élire que des gens exerçant un art et à n'attribuer à chaque art qu'un seul prieur. Aucun des élus ne peut refuser. Aucun ne peut sortir que pour les affaires publiques de la maison où ils doivent « dormir ensemble ». Veulent-ils vaquer à leurs affaires privées ? il leur faut l'autorisation du *proposto,* leur chef pour deux jours, désigné parmi eux et par eux, autorisation rarement accordée et toujours de nuit. Ils n'assistent ni au baptême de leurs enfants, ni aux funérailles de leurs proches. Dix sous par jour pour chacun, à titre d'indemnité ; dix florins, par jour aussi, pour leur table commune et celle de leurs gens, voilà tout ce qu'ils reçoivent, et l'on suppose que cela peut être trop, car on leur fait jurer de rapporter l'excédent des sommes qu'ils ont reçues à la *camera* ou trésor public. Leur unique privilège, en sortant de charge, est de n'être pas inquiétés pendant une année dans leurs biens ou leurs personnes et de porter des armes. Comme on nommait trente-six prieurs par an, ou plutôt quarante-deux en comptant le gonfalonier, et que, deux années durant, la loi du *divieto* ou défense ne permettait pas leur réélection, il dut y avoir à la longue beaucoup d'hommes armés dans les rangs de ce peuple à qui il était interdit de porter des armes.

Le gonfalonier, qui n'était qu'un porte-gonfalon, un simple exécuteur à la suite, est assimilé aux prieurs, sauf qu'il n'a pas le droit de peser sur la balance par son vote quand il ne s'en faut que d'une voix pour que la pluralité légale de cinq sur sept soit atteinte. Sa compensation, par où il prendra à la longue le premier rang, c'est la petite troupe de cent *famigli* mise à sa disposition, et que Giano fait doubler, ainsi que les mille *pedoni* des métiers.

La partie sociale des Ordonnances en est de beaucoup la plus importante. Il ne s'agit point d'assurer à tous la justice, qui consistait alors en représailles. Il s'agit de prendre contre les grands ces mesures préventives et répressives que les gouvernements prennent d'ordinaire contre les petits. C'est pour y parvenir qu'on tâche à constituer vigoureusement la seigneurie et la force publique, qu'on fixe et qu'on élargit la hiérarchie des arts. Derrière les arts majeurs, portés de sept à douze, les arts mineurs, au nombre de neuf, forment une milice de réserve, se voient imposer des devoirs sans recevoir encore de droits: cabaretiers, aubergistes, marchands de sel, d'huile et de fromage, tanneurs, armuriers, serruriers et forgerons « nouveaux », charretiers, tabletiers et faiseurs de boucliers, menuisiers ou charpentiers, enfin boulangers, les derniers des derniers, que Florence toujours accabla de son mépris.

Ainsi armée, la bourgeoisie peut mettre les nobles dans l'impuissance de nuire. Ils sont déjà exclus du Conseil des Cent, des deux Conseils du capitaine, comme des milices populaires, comme de la plupart des fonctions publiques. Pour les exclure des autres sans le dire, on se borne à déclarer qu'il y faut des hommes honnêtes, car que des nobles pussent être réputés honnêtes, c'est ce qu'on n'admettait point. Les prescriptions des statuts à leur égard deviennent plus formelles. Sont aggravées les peines de droit commun qui en étaient la sanction. Tenus plus que jamais à s'inscrire au registre matricule d'un des arts, les grands n'en peuvent devenir les chefs ou consuls. Toute élection d'un d'entre eux est annulée, et l'art qui s'en est rendu coupable privé pour deux ans de chefs élus. Dans le registre « infâme » de leur classe, on inscrit les *popolani* criminels et, avec plus de raison, tout *popolano* qui adhère à leur cause. L'amende étant la peine le plus souvent prononcée, on établit, pour qu'elle ne soit pas illusoire, un système de cautions pécuniaires que les familles des magnats étaient solidairement tenues de fournir. C'est ce qu'on appelait *sodare*, un des

GONFALONIER DE JUSTICE.

mots qui reviennent le plus souvent dans la vieille langue florentine. Y contraindre ces familles, en déjouant toutes les échappatoires, était peut-être le nœud de la question. Un crime capital commis, si le coupable se dérobait au châtiment par la fuite, sa famille perdait la caution de deux mille livres et en payait par supplément mille de plus, à moins qu'il n'y eût entre elle et lui des « inimitiés de sang ».

Ce qui donne à cette législation, dure mais non absurde, un réel caractère de férocité, ce sont des pénalités effrayantes pour réprimer les violences des grands contre les *popolani*. Au coupable la confiscation et la mort; à ses plus indirects complices l'amende. Reste-t-il inconnu, la loi exige qu'on en désigne un, qu'on fasse, comme elle dit, « un capitaine du crime ». Et qui le désigne? Les parents de la victime; à leur défaut, le capitaine du peuple ou le podestat. Ainsi, l'impunité étant impossible, la violence perd son principal encouragement. Pour une simple blessure, deux mille livres d'amende, payables dans les dix jours, faute de quoi l'agresseur a la main coupée, ou le pied, à son choix, sans préjudice de l'interdiction de toute charge publique. L'amende est double quand l'offensé est un des prieurs ou le parent même éloigné d'un prieur, et l'exil s'y joint, dont ce magistrat fixe la durée. Cette intervention de la partie dans le châtiment à infliger est une des plus odieuses mesures de l'Ordonnance, et on l'y retrouve partout. Ainsi, qu'un *popolano* voie son locataire molesté par un magnat ou soit empêché par ce magnat de percevoir ses revenus, sa déclaration suffit à établir le délit.

Aucune sentence n'est susceptible d'appel : la loi nouvelle est tenue pour supérieure à toute loi. Mais on cesse de l'appliquer et l'on revient au droit commun dès que, dans une affaire quelconque, un *popolano* est impliqué avec un grand. L'offensé a trois jours pour déclarer l'offense ; dix, s'il l'a subie au dehors. Ses proches, ses serviteurs ont, à défaut de lui, la même obligation, sous peine d'amende. L'amende aussi, et au besoin l'exil, frappe tout témoin qui se dérobe. Pourquoi se déroberaient-ils ? Comme les intéressés, ils sont crus sous la foi du serment, alors même qu'ils ne rapportent que le bruit public. Le capitaine et le podestat sont autorisés à entretenir des espions ou dénonciateurs secrets. A la porte de ces officiers se voit un *tamburo*, boîte destinée à recevoir les dénonciations anonymes.

Le jugement est sommaire, sans aucune des formalités et lenteurs protectrices dont la justice moderne aime à s'entourer. Dans les cinq jours, le podestat doit avoir rendu sa sentence, sous peine d'amende ou de révocation. Le capitaine, en ce cas, le remplace à son tribunal. Pour l'exécution, qui a lieu aussi sans délai, le gonfalonier de justice, au son de la cloche, appelle ses hommes d'armes. Qu'il refuse ou qu'il tarde, le capitaine et le podestat ont mission de le remplacer. A-t-on compté en vain sur tous les trois? Aussitôt toutes les boutiques doivent se fermer, tous les travaux être suspendus, tous les artisans prendre les armes, tous les juges chômer, jusqu'à ce que la loi ait reçu pleine satisfaction. Bientôt même, quand on vit s'organiser contre les mesures nouvelles la résistance des grands, on en vint à ordonner cette suspension de la vie sociale dès que le sinistre tocsin appelait sur la place les hommes du gonfalonier.

Telles sont, en résumé, ces formidables Ordonnances de justice. L'humanité en est absente; mais ne l'était-elle pas des anciens statuts? La crainte, la terreur même, fut toujours le ressort des gouvernements italiens. Ils n'y renoncèrent pas sans tomber dans la servitude des princes. La bourgeoisie florentine ne pouvait que retourner contre ses oppresseurs de la veille les armes qui avaient servi à l'opprimer. Convaincue qu'en négligeant « les solennelles subtilités du droit » elle restait « dans la justice et la vérité », elle eut le mérite de bien savoir ce qu'elle voulait et de le vouloir fortement. Les Ordonnances furent placées sur des tables dans le palais des prieurs, pour que personne ne pût dire qu'il ignorait la loi.

De résistance, il n'y en eut point tout d'abord. Étourdis de la force du coup, les magnats avaient besoin de temps pour se remettre. D'ailleurs, ils se flattaient que, selon les habitudes florentines, ce statut nouveau resterait lettre morte. C'est parce qu'il resta vivant qu'ils ne tardèrent pas à en vouloir secouer le joug. A tout officier public qui traitera avec les rebelles sans licence écrite des prieurs, « l'exécutif, disaient les Ordonnances, fera sans retard tomber la tête de dessus les épaules, de manière à ce qu'il meure ». Par d'habiles négociations, la bourgeoisie sut se mettre en paix avec ses voisins, qui auraient pu tendre aux magnats mécontents une main secourable. Le maintien ou le renversement, l'aggravation ou l'atténuation des Ordonnances devient, durant des années, à travers les luttes des guelfes blancs contre les guelfes noirs, et bien plus tard encore, le point sur lequel, de part et d'autre, se porteront le plus volontiers les efforts.

Ainsi, pour n'en citer que deux exemples, en 1307, les répressions du gonfalonier ayant paru mollir, l'exécution des jugements était confiée à un magistrat nouveau, dit « exécuteur de justice », étranger comme le podestat et le capitaine, pour qu'il n'eût pas d'attaches dans la ville, pour qu'il y fût plus libre de punir et plus sûr d'échapper aux vengeances, puisque, à l'expiration de sa charge, il retournait chez lui. Elu secrètement deux mois à l'avance, il devait, comme le podestat, ne s'asseoir à la table de personne. Toute familiarité lui était interdite. Nul bouffon n'avait accès dans sa demeure, car on voulait qu'aux yeux de tous il parût grave et terrible. C'était une des manies florentines, quand on avait besoin d'une magistrature ou d'une loi nouvelle, de la créer sans abroger l'ancienne, ce qui multipliait les textes inutiles et les rouages coûteux, encombrants.

En 1358, sous la domination oligarchique des Albizzi, personne ne s'oppose plus au parti guelfe. C'est alors surtout que les magnats se déclarent ultra-guelfes pour devenir les meneurs de *la parte*, pour s'associer aux plus atroces rigueurs, en vue de « protéger le bercail sacré des guelfes contre les loups qui voudraient y pénétrer sous la peau des brebis ». N'importe : la provision d'où sont tirées ces hypocrites paroles relègue parmi les gibelins quiconque n'aura pas juré dans l'année les règlements de la *parte guelfa* ou n'aura pas été déclaré, par les capitaines de la dite *parte*, digne de les jurer. A introduire leurs noms dans les bourses, on encourt l'amende, l'emprisonnement, voire la mort. Une femme, un enfant, un magnat sont recevables comme accusateurs, ont même droit à l'assistance de ces redoutés capitaines.

A vrai dire, cette nouvelle loi de terreur, les contemporains l'appellent inique, injuste, scélérate; mais ils n'ont pas vu ou mis en lumière ce qu'elle cache, et, dans tous les cas, ils l'ont supportée. Ce que les magnats guelfes de la *parte* poursuivent, ce sont les adversaires de leurs tendances oligarchiques. Afin que leurs successeurs ne soient pas plus modérés qu'eux, ils composent à leur gré pour bon nombre d'années les bourses où l'on en puisera les noms. Il faut noter surtout l'expédient qu'ils imaginent pour détendre la corde trop tendue et la rendre par là plus solide : ils décident que lorsque quatre des six capitaines de la *parte* seront tombés d'accord que tel ou tel est gibelin, ce citoyen recevra avis de n'accepter aucun office, s'il ne veut être accusé et puni. L'avertissement préventif, l'*ammonizione*, pour l'appeler de son nom devenu fameux, se substituait donc bientôt aux condamnations, que personne n'osait plus affronter. C'est un adoucissement, si l'on veut; mais ainsi se trouvaient exclus, sans formalités comme sans responsabilité, tous ceux qu'on désirait proscrire, et créée une classe nouvelle de proscrits, celle des *ammoniti* ou avertis. On n'en est plus réduit à supplier, l'or et les présents aux mains, les terribles capitaines; mais on est chassé de la vie publique, on ne connaît plus que l'existence précaire des parias. C'est la revanche des anciennes familles. Elles ne sentirent pas que de ces mécontents multipliés se grossirait la foule prête à battre en brèche l'oligarchie grandissante. Elles poussèrent vers la démagogie bon nombre d'honnêtes Florentins dont les ancêtres l'avaient combattue avec vigueur. Épée de Damoclès suspendue sur toutes les têtes, la perfide *ammonizione* préparait à Florence de tragiques épreuves.

Quoi qu'il en soit, la République était ainsi constituée de toutes pièces. Même quelques-unes de ces pièces lui survivront : après avoir servi à la démocratie et à l'oligarchie, elles serviront au principat. Ce n'est pas à dire que lorsque tel ou tel rouage parut usé ou insuffisant, on n'essayât point soit de le compléter par un autre, soit, ce qui fut plus rare, de lui en substituer un autre. Ces modifications successives, nous ne saurions ici les rappeler à leur rang chronologique ; mais nous devons indiquer les principales, pour ne pas laisser une idée trop inexacte et trop incomplète de ce mécanisme en ses fluctuations.

On est surpris tout d'abord que la despotique oligarchie ait cru nécessaire dans une mesure quelconque de toucher aux institutions établies. Un auteur du temps, Cavalcanti, nous montre le chef de la faction régnante endormi d'un sommeil profond au Conseil pendant le débat, réveillé par autrui ou se réveillant lui-même quand il faut conclure, montant tout engourdi à la tribune et indiquant avec nonchalance la résolution à prendre, que tous aussitôt votent avec empressement. A quoi bon dès lors tant de Conseils ? Il y en a pléthore, et l'oligarchie en crée un nouveau, dit des Deux Cents, qui sera consulté avant tous les autres, pour peser sur eux de toute l'autorité qu'il doit à son origine : il est composé d'amis triés sur le volet, dont les noms sont seuls mis dans des bourses spéciales. Ainsi Florence ne renonça jamais à sa manie de multiplier les corps consultatifs. Si les animaux d'ordre supérieur sont ceux qui ont les organes les plus compliqués, il y a une mesure en tout.

Une innovation du même temps qui se comprend mieux, c'est l'introduction du scrutin secret, pour protéger les fidèles de l'oligarchie contre les courants trop marqués d'opinion, pour « rabattre l'insolence du peuple » et diminuer sa place dans l'État, singulièrement pour mettre un terme à cet abus intolérable que dans le Conseil du peuple, les quatorze arts mineurs, s'ils parvenaient à s'entendre, pussent tenir en échec les sept arts majeurs.

Cosme l'Ancien.

Moins violent et plus adroit, Cosme dit l'Ancien, le premier des Médicis qui compte, à Florence, dans l'histoire des hypocrites pasteurs de peuples, sait s'accommoder des institutions établies. Il n'y change rien, il les tourne : c'est sa manière de les respecter. Son fils est trop peu de chose pour n'être pas un imitateur servile. Son petit-fils Lorenzo, qu'on appelle Lau-

Laurent des Médicis.

rent le Magnifique et qu'il est tout au plus permis d'appeler « le magnifique Laurent », comme nous disons « l'honorable M. un tel », se sentant mieux affermi, peut oser davantage. Issu d'une famille que la faveur populaire a portée au pinacle, il réduit à cinq les quatorze arts mineurs et confisque les biens des arts supprimés; il désigne, sans puiser dans les bourses, ceux qui seront membres des successives seigneuries. Ce qui ne disparaît pas des anciennes institutions est affaibli, amoindri, avili. La main dirigeante se tient dans la coulisse, s'aidant d'un Conseil ou *balie* de dix *accoppiatori* qu'elle a tirés du néant et qu'elle y peut replonger. Réciprocité de bons services habilement conçue! De ces assistants qu'il s'est donnés, qu'il a élevés, le maître reçoit l'autorisation, qui le couvre, de puiser au trésor public pour les intérêts de son négoce comme de son gouvernement, et, dès qu'il l'a vidé, de le remplir à nouveau par des impositions qui sont aisément des exactions.

C'est peu encore. L'ombre des vieux Conseils « opportuns » donne de l'ombrage. A Lorenzo, comme à l'oligarchie, il faut son Conseil de confiance, qui sera consulté avant tous les autres et leur donnera le ton. Mais, plus politique que ses devanciers, ce n'est pas de deux cents conseillers qu'il s'entoure, c'est de soixante-dix, qu'il partage en deux sections, pour fonctionner chacune deux mois à tour de rôle, nommer à tous les emplois, pourvoir aux sièges vacants dans leur sein. Rien n'est supprimé, pas même le Conseil des Deux Cents, pure superfétation désormais; seulement les roues du carrosse sont toutes reléguées, sauf la plus neuve, au cinquième rang. En d'autres termes, le carrosse ne roule plus sur ses roues : un seul homme le traîne ou l'entraîne, à la fois par sa force propre et par la force de la vitesse acquise, deux puissances qui ne peuvent compter sur le temps.

Un trait encore pour mieux marquer la machiavélique portée de l'institution nouvelle. Personne n'a le droit d'adresser aux septante ni propositions, ni même pétitions. Tout doit provenir de l'office des seigneurs, seuls légalement investis du droit d'initiative. Mais comme les seigneurs sont, par leur élection, dans la dépendance de ce « sénat », tout y aboutit, de même que tout en sort. Y arriver devient l'ambition suprême. Les autres charges ne sont plus qu'autant de marchepieds. Les septante pourraient devenir dangereux, grâce à l'indépendance qu'ils tiennent de leur recrutement par cooptation; ils ne le seront jamais, car ils briguent toujours la faveur et les faveurs pour eux et leurs familles.

Les Florentins sentent vaguement combien ils sont peu de chose sous un tel régime. Jacopo Pitti constate leur mauvaise humeur. Cambi, Rinuccini parlent d'insolence et de tyrannie, d'avilissement et de servitude. Ammirato qui, en bon courtisan, adoucit les teintes, ne peut nier que le petit-fils de Cosme « tirait insensiblement à soi les affaires publiques, l'autorité des lois, et finissait par ne plus trouver de résistance, quand il s'emparait de tout ». Bientôt pourtant, si l'on en croit Machiavel, « Florence, qui jugeait des choses par le succès, porta Lorenzo aux nues, disant que sa bonne fortune lui avait fait regagner par la paix ce que la mauvaise lui avait fait perdre par la guerre ». Le ciel n'aide pas qui ne s'aide soi-même, et l'on ne gagne au jeu qu'à la condition d'y mettre. Ce troisième des Médicis fut un habile joueur et qui savait piper les dés.

Après sa mort, quand son fils s'est fait chasser pour n'avoir pas voulu s'allier à Charles VIII et pour avoir ensuite humilié aux pieds du jeune prince la dignité florentine, quand il s'agit de reconstituer le gouvernement, qui l'emportera, de l'aristocratie ou du populaire? Les chances paraissaient égales et la solution difficile : « l'un voulait le bouilli et l'autre le rôti. » Savonarole, prédicateur favori du peuple, fait prévaloir le dessein conciliant d'enter les aristocratiques institutions de Venise sur la démocratie restaurée, et de remplacer les vieux Conseils par un « Grand Conseil », où le peuple aurait accès pour élire les officiers publics et voter les lois. A côté de cette Assemblée nombreuse, qui représentait la République même, une Assemblée plus étroite, de quatre-vingts membres notables, expérimentés, recevait mission de débattre, comme les *pregadi* vénitiens, les sujets qui ne se peuvent aborder en public. Pour la première fois, Florence, au lieu d'ajouter, remplace, sans qu'on puisse dire qu'il y ait abus de la force : les partisans du gouvernement large consentaient à un régime mixte dont pouvaient s'accommoder ceux du gouvernement étroit. « Je crois, écrit l'ambassadeur ferrarais Manfredi, que cette ville se gouvernera à la vénitienne, en maintenant l'égalité entre les citoyens. » Cette égalité maintenue ou rétablie marque la différence entre les deux Républiques.

Devaient être « emboursés », pour faire partie du Grand Conseil, tous les Florentins âgés de vingt-neuf ans, dont le père, l'aïeul ou le bisaïeul aurait fait partie des principaux offices. Si le nombre des citoyens ainsi désignés venait à dépasser quinze cents, le Conseil se diviserait en trois groupes, dont chacun, à tour de rôle, le composerait seul pendant six mois. Pour infuser régulièrement à ce Corps permanent un sang frais et populaire, chaque année y devaient être introduits vingt-quatre jeunes gens n'étant point dans ces conditions d'âge et de famille. Les trois sections se réunissaient-elles pour certaines résolutions importantes, ces résolutions n'étaient valables que si mille membres au moins se trouvaient présents. Tout absent encourait une forte amende. Notons enfin, pour achever de marquer le caractère démocratique de la réforme, que, dans les offices auxquels nommait le Grand Conseil, un quart des postes était réservé aux arts mineurs.

Pour être membre du Conseil des Quatre-Vingts, il fallait être âgé de quarante ans au moins. Renouvelable tous les six mois, ce Conseil n'avait évidemment pas assez de durée, si l'on considère qu'il avait pour principale tâche de maintenir la tradition dans ce mobile gouvernement, et il était trop nombreux pour ensevelir comme en un tombeau les secrets d'État.

Bien préférables aux deux anciens Conseils du peuple et de la commune, qui étaient trop peu différents l'un de l'autre et trop enchevêtrés l'un dans l'autre, nous paraissent les deux Conseils nouveaux, institués sous l'impulsion de Savonarole. Le plus ample des deux donnait une base populaire aux mesures arrêtées en secret par le plus restreint et proposées par la Seigneurie, qui conservait son droit tout ensemble d'initiative et d'exécution, en même temps qu'elle acquérait celui de renvoyer au Grand Conseil, pour en vaincre les résistances possibles, vingt-huit fois la même provision, et jusqu'à six fois dans un seul jour.

SAVONAROLE.

Ce qui précède nous paraît, quoi qu'en aient dit les historiens courtisans, exempt de tout excès démocratique. On n'en pourrait citer qu'un, et il fut justement provoqué par les partisans de l'oligarchie ou de la monarchie, jaloux de perdre le nouveau régime en le poussant à ses extrêmes conséquences. Savonarole avait réservé à une commission de cent membres les appels interjetés sur les jugements rendus; une perfide opposition fit prévaloir l'idée de les renvoyer aux assemblées plénières du Grand Conseil, et remit ainsi, sous couleur démocratique, les plus graves affaires privées aux préventions aveugles ou aux entraînements du grand nombre.

Tel que nous le voyons, avec ses inconvénients et ses avantages, ce gouvernement, plus simple et en apparence plus fort, causa une satisfaction générale. « C'est le plus digne qu'ait jamais eu Florence », écrit l'épicier Luca Landucci dans les notes qu'il prend chaque soir sur les événements du jour, et, comme lui, parlent les historiens, les politiques du XVIe siècle, Giannotti, Machiavel, Guicciardin.

Au fond, pourtant, et dès la première heure, le système fut vicié par la théocratie qui planait au-dessus. « C'est Dieu et non le *frate*, disait en chaire Savonarole, qui vous a donné ce gouvernement. » Et il faisait acclamer, proclamer officiellement Jésus-Christ « roi de Florence ». Or, comme la Divinité ne s'adresse d'ordinaire aux humains que par l'organe de ses prêtres, on comprend où était la réalité du pouvoir. Tous les princes d'Italie s'étonnaient, s'indignaient même qu'une ville si éclairée se soumît à des moines. Le pape faisait chorus, parce que le chef de ces moines se montrait fils insoumis du Saint-Siège. Les Florentins ne tardèrent pas à s'irriter d'un joug qui supprimait tous les plaisirs mondains et tournait à la tyrannie. Dépassant le but, ils s'en prirent aux institutions elles-mêmes : ils en revinrent aux vieilles critiques de Dante sur les offices de deux mois, qui ne permettaient pas au moindre acte politique de produire ses plus naturelles conséquences, de sorte que la responsabilité, ainsi qu'une balle, se renvoyait d'un office à l'autre, car, entre eux, ils n'admettaient aucune solidarité. Dans les relations extérieures surtout, le mal était et paraissait grave. Nardi signale le secret impossible et Guicciardin l'action lente. Partout, on arrivait trop tard, alors que déjà les fonds votés non sans peine s'étaient évaporés en passant par trop de mains. Les princes et souverains, libres de tout contrôle, prêts à l'action selon leur bon plaisir, se plaignaient de ne trouver dans Florence personne à qui se confier. Les offices publics ne recevaient donc que de rares communications ; ils ne pouvaient ni préparer les coups sur l'échiquier, ni seulement les parer.

De là, comme d'une inexpérience trop manifeste à diriger

le mouvement et le jeu de ce mécanisme constitutionnel, venait un grand malaise exploité avec adresse. Le parti composite des mécontents grossissait tous les jours. Louis XII, qui n'eût pas demandé mieux que de s'appuyer sur Florence pour combattre Rome, disait ne pouvoir faire état de ce gouvernement populaire, à cause du grand nombre d'amis que les Médicis comptaient dans la ville. César Borgia, avec d'autres du dehors, indiquait le retour de ces proscrits comme la meilleure solution, et son père Alexandre VI inclinait à le procurer.

Pietro Soderini.

Le désir d'échapper à ces sangsues affamées poussa les partisans du régime établi à lui donner un chef réel, incontesté, autorisé à parler au nom de ses concitoyens, assuré de tenir longtemps en ses mains le pouvoir. Que le gonfalonier de justice, pensaient les habiles, fût élu à vie, n'ayant plus rien à ambitionner, il serait tout entier au bien public. Sur cette dernière carte, qu'approuvait l'esprit monarchique de l'étranger, Florence mit son enjeu, mais sans enthousiasme. Elle sentait d'instinct qu'un gonfalonier à vie pouvait désirer encore : pour lui, la richesse et le pouvoir princier; pour les siens, la transmission héréditaire de ce pouvoir. Elle devait donc faire et elle fit choix « d'un citoyen juste et timoré ». Pier Soderini honora son nom et sa charge durant les dix années qu'il l'exerça, mais il ne répondit pas aux espérances de ceux qui avaient voulu pour leur patrie « un doge à la vénitienne ». Quand les partisans des Médicis eurent profité de sa modération et de sa médiocrité pour le renverser, c'en fut fini de la magistrature viagère. On en revint aux gonfaloniers de même durée que les seigneuries où ils tenaient le premier rang après y avoir longtemps tenu le dernier, et les choses reprirent ainsi leurs cours, jusqu'au moment dès lors prochain où, dans l'effondrement général, devait s'implanter la dynastie ouvertement héréditaire des Médicis.

Ainsi, jamais, fût-ce aux temps les plus démocratiques, la liberté n'avait pu s'acclimater à Florence. Alors qu'elle y paraissait régner, trois cris seulement étaient autorisés dans les rues : Vive le peuple! Vivent les guelfes! Vive la justice! L'esprit de secte politique ou de secte religieuse vicia toujours l'esprit public. Mais, à défaut de liberté, la vitalité était intense. Dante compare sa ville natale, comme l'Italie même, tantôt au flux et au reflux de la mer, tantôt au vaisseau sans nocher dans une grande tempête, tantôt au malade qui, ne pouvant trouver de repos dans la plume, se retourne d'un flanc sur l'autre pour tromper sa douleur. Ces images prodiguées par le génie et applicables à toute l'histoire florentine, si elles indiquent un état maladif, témoignent tout au moins du mouvement et de la vie. Les contemporains, d'ailleurs, sont mauvais juges. Ce dont ils souffrent, ils le voient de trop près, et avec des verres grossissants. Contre l'admirable civilisation d'Athènes, Eschyle, Thucydide, Platon n'ont qu'amères censures, Aristophane que sanglantes railleries. Deux siècles écoulés, l'âge de fer, que flétrit l'âme passionnée de Dante, paraît un âge d'or au froid esprit de Machiavel. Comme jadis en Attique, sur les bords de l'Arno, la grandeur éclate dans la petitesse. L'arbre de la civilisation, ne pouvant étendre au loin ses racines, les enfonce profondément dans un sol généreux.

CHAPITRE III

LA VIE ÉCONOMIQUE.

Richesse des Florentins. — Règlements de l'art de Calimala. — L'art de la laine. — L'art de la soie. — L'art du change. — Les représailles. — Les voyages lointains. — L'art des médecins et des épiciers. — L'art des juges et des notaires. — Les autres arts. — Les paysans. — Les chevaliers. — Servitudes des arts ou métiers. — La protection industrielle. — Le transit. — Le trafic de mer. — Le crédit et l'usure. — La propriété rurale. — Le droit de préemption. — Trafic et législation des denrées alimentaires. — La population et les gabelles des portes. — Les emprunts forcés.

Nous avons montré plus haut les arts en voie de formation. Il faut maintenant en étudier la structure intime et l'original fonctionnement.

Devenir et rester riche était, chez les Florentins, l'alpha et l'omega de la sagesse, comme de la science sociale. « Qui ne possède pas, dit un vieux conteur, est tenu pour une bête. » L'obligation de s'inscrire au registre matricule de quelqu'un des arts ne laissait guère d'autre moyen de se distinguer et de s'élever, de sortir du commun, que de faire fortune. Aussi Florence passait-elle pour la source de l'or. En pays étranger, ces actifs marchands formaient des colonies et comme des associations fraternelles. Vivant et jouant ensemble, ils engageaient jusqu'à cinq mille florins sur un simple pari. Dans leur ville, ils se montraient hospitaliers et accordaient facilement le droit de cité, attirant par là les proscrits des villes voisines et même éloignées, qui apportaient leurs capitaux et leur industrie. Une sorte de rivalité féconde et amicale s'établissait entre ces étrangers et les citoyens.

L'art raffiné de Calimala avait décidément pris le premier rang dans la hiérarchie des arts. Il comptait une vingtaine de boutiques. Il faisait venir par an plus de dix mille draps, qui valaient trois cent mille florins d'or et se vendaient à Florence. Il réexpédiait au dehors une partie de ceux qu'il avait achetés pour les travailler à nouveau. Très semblable aux autres arts par son organisation, si même il ne leur avait servi de modèle, Calimala est organisé comme l'État, ou plutôt c'est l'État qui a emprunté aux arts mercantiles le genre de constitution dont ils ont imaginé et fourni le modèle.

Rien de curieux comme le code et les règlements de ce premier des arts. Pour en devenir membre, il suffit d'en avoir, pendant un an, exercé l'industrie ou le trafic, soit de sa personne, soit par associés. L'usure est interdite « parce qu'elle déplaît à Dieu », et quiconque est jugé plus riche qu'il ne doit être est tenu de déposer ce surplus aux mains de bons et suffisants marchands de l'art. Défense de vendre d'autres draps que ceux d'outre-monts ou de les vendre hors de la boutique; de tendre d'une boutique à l'autre des tentes ou des toiles; de jouer aux jeux de hasard; de sortir après le troisième coup de cloche; d'introduire des femmes; d'allumer du feu, sauf celui des chandelles ou lanternes; de proférer des paroles grossières ou blasphématoires; de rôder pour chercher de l'ouvrage; de prendre femme ailleurs que dans la ville; de se réfugier dans un couvent, lieu inviolable, avec de l'argent ou des objets mobiliers appartenant au patron. Tout était réglé, jusqu'aux formalités de la mort. La réformation de l'art était prévue : elle pouvait être accomplie tous les deux ans, ou même tous les ans.

Que devenait dans tout cela la liberté individuelle? Personne n'en avait cure. En des temps si troublés, les excès d'autorité durent paraître un bienfait. Ne sentant pas la main d'un gouvernement fort, les corporations se gouvernaient elles-mêmes avec force. Comme la *parte guelfa*, et bien avant la *parte*, elles formaient une sorte d'État dans l'État. De là, pour Calimala surtout, puisqu'il tenait la tête, une renommée la plus légitime du monde, et qui était une bonne renommée. Dans les diverses branches de l'art, la fabrication, la teinture, chacun s'engageait par serment à une probité scrupuleuse, et, la foi jurée n'inspirant qu'une confiance médiocre, chacun était l'objet d'une surveillance de tous les instants. Nul n'avait droit d'en être blessé, puisque tous y étaient soumis. Sur chaque pièce de drap, un papier cousu, visible à tous les yeux, portait le prix fixe, le nom de la maison et celui du fabricant. On se gardait de la fraude, car elle eût amené l'exclusion et la ruine.

ARTISAN TEINTURIER.

Le goût, privilège alors de l'Italie, régnait surtout à Florence. Ses marchands, ses exilés le propageaient au loin. Volontairement ou par disgrâce politique, ils formaient le principal de ses colonies, étroitement unis à leur art, surveillés par des syndics spéciaux qui entreprenaient, pour les maintenir ou les remettre dans le droit chemin, des voyages fort longs : six mois pour Paris et beaucoup plus pour Londres. C'était affaires d'importance que l'achat des draps bruts, leur envoi à Florence, la transformation à laquelle ils y étaient soumis, le soin de les réexpédier et de les revendre aux lieux d'origine ou en d'autres lointains pays. Achetés à bas prix, on les revendait très cher, car ils trouvaient des acquéreurs empressés.

A ce monopole concentré dans un si petit nombre de boutiques, un régime protecteur à outrance assurait la prospérité, au risque de provoquer des tarifs de représailles, de supprimer l'émulation, de nuire au progrès de la navigation, qui fut toujours le point faible. Mais, habitués à conduire de grandes entreprises, à négocier avec les Républiques et les princes, à poursuivre et à juger des procès commerciaux, nos marchands florentins étaient, au dehors comme chez eux, à la meilleure école de politique. Ne se perdant point en vaines théories, ils savaient réfléchir avec promptitude, se décider avec résolution, gouverner avec adresse, diriger leur barque fragile, sans jamais la briser, à travers mille écueils.

Calimala eut une part prépondérante dans cette virile éducation d'un peuple, puisqu'il était le plus ancien ou, tout au moins, le plus anciennement considérable de ses métiers. Mais les autres y contribuèrent pareillement. Sur bien des points, leurs règles et leurs usages diffèrent peu de ceux qui, nés dans la « mauvaise rue », *callis malus*, avaient bientôt gagné toute la ville, et, sans tambour ni trompette, insensiblement imposé leur loi.

Ce qui distingue de Calimala l'art de la laine, c'est qu'au lieu de se borner à un travail de perfectionnement, il faisait le travail tout entier, prenant la laine brute sur le dos de l'animal et la transformant en draps renommés. Plus exposé à la concurrence, livrer de beaux et solides produits était pour lui une question de vie ou de mort. Il compte, en 1338, jusqu'à 200 boutiques où 30,000 personnes fabriquent 80,000 draps valant 1,200,000 florins d'or, et, si l'on comprenait dans ce calcul les draps grossiers, il faudrait dire plus de 100,000. Trente ans auparavant, il est vrai, c'est 300 boutiques qu'ouvrait l'art de la laine; mais la supériorité des produits manufacturés et l'abondance plus grande des laines d'Angleterre faisaient compensation. De là provenait le tiers du gain de l'industrie florentine prise en bloc. On peut prendre une idée des richesses de cet art important par ce fait que la vieille cathédrale de Santa Reparata fut reconstruite principalement de ses deniers. L'ordre religieux des *Umiliati* contribua largement à cette éclatante prospérité : il est au premier rang des fabricants de laine; il obtient toutes sortes de faveurs; partout ses produits sont recherchés. Les laïques rivalisent, et ici la concurrence produit les mêmes résultats heureux que pour Calimala le monopole. Ces deux arts semblaient vraiment avoir pris possession de Florence.

Presque aussi ancien que l'art de la laine et satellite comme lui de Calimala, mais d'importance sensiblement moindre, l'art de la soie prospérait cependant dès la fin du XIIIe siècle. C'est que, par la perfection de son délicat travail, il laissait loin derrière lui ses rivaux des autres villes italiennes. Tous les « membres de l'art », comme on disait, orfèvres, peintres, brodeurs, filateurs, batteurs d'or, vivaient dans le même quartier, jusqu'au jour pourtant où le velours, se séparant de la soie, comme Calimala s'était séparé de la laine, passait l'eau pour se retrancher dans le faubourg d'Oltrarno et y assurer son indépendance. Soie et velours eurent surtout le mérite et l'avantage d'accroître sensiblement les relations florentines en pays étranger.

Si grande était la richesse de ces trois métiers d'une même famille, qu'obligés de chercher un emploi lucratif de leurs capitaux, ils en venaient à les traiter comme une marchandise. C'est ainsi qu'ils cumulèrent leur industrie et leur trafic avec le métier de changeurs et de banquiers. Florence eut bientôt quatre-vingts banques ou comptoirs. Ce n'était pas trop pour manier les espèces en circulation, car elle battait annuellement 400,000 florins d'or et 20,000 livres de menue monnaie. Nouvelle source de luxe, la banque florentine défia toute concurrence, alors que la concurrence s'établissait pour la fabrication. Les fabricants n'en avaient pu longtemps conserver secrets les procédés. Avec sa manie de proscrire, ce peuple envoyait en exil, pour des causes politiques, nombre de compatriotes qui connaissaient ces procédés et qui, pour vivre autant que par esprit de vengeance, les appliquaient et les divulguaient au loin. Les étrangers encourageaient chez eux l'emploi des matières premières et n'en permettaient plus que difficilement l'exportation.

En créant des comptoirs de change, les associations établies pour l'industrie des divers tissus se transformaient, dès le milieu du XIIIe siècle, en cette espèce de sociétés que nous appelons sociétés en commandite, où le bailleur de fonds ne court pas de risques au delà de son capital. Elles relevaient ainsi le taux de l'intérêt qu'abaissaient le grand nombre et l'ardente rivalité des prêteurs. Les maisons associées continuaient le plus souvent d'avoir leur existence propre et indépendante ; toutefois, le désastre d'une d'elles entraînait aisément la ruine des autres. Devenu, par le progrès des années, un art et un des plus importants, le change traitait les affaires surtout au *Mercato nuovo*, par l'intermédiaire de courtiers immatriculés au registre de la corporation. Là, sous une galerie couverte qui régnait le long des maisons, de nombreux marchands se livraient au jeu déjà ancien de la hausse et de la baisse, à toutes les opérations compliquées de nos banquiers modernes. Ils prêtaient aux particuliers et à l'État. Plus tard, quand on eut constitué le *Monte comune*, qui payait la rente et consolidait le capital, il négocia les actions de la dette publique ou *luoghi di monte*. Au *Mercato nuovo* se rendaient, en arrivant de Londres, des Flandres, d'Arménie, de Chine, les courriers, facteurs ou agents des compagnies. En attendant leur tour de faire leur rapport, ils se promenaient sous la galerie, devisant ou jouant aux dés avec leurs concitoyens, qui venaient débattre les affaires pendantes, s'enquérir des nouvelles, discourir des choses de la politique.

Sur la table de chaque changeur, recouverte d'un tapis vert, s'étalaient la bourse et le livre de comptes en parchemin où l'on inscrivait en belle écriture cursive assez semblable à notre « ronde », et en chiffres romains, toutes les transactions de la journée. On n'y voyait ni points, ni virgules, ni lettres majuscules. Par la seule force de l'habitude, on se débrouillait dans ce chaos. Jusqu'au temps des Médicis, les Florentins se bornèrent à la tenue des livres en partie simple, quoiqu'ils eussent pu reconnaître, à Venise, les avantages de la tenue en partie double. Comme contrôle et garantie, ils se

ARC ET LOGGIA DES PERUZZI.

bornaient à renvoyer de leur grand livre ou *libro maestro* à de nombreux livres auxiliaires, et les recherches y prenaient beaucoup de temps. Comme de nos jours, d'ailleurs, ces livres *maestri* faisaient foi.

Au nombre de quatre-vingts environ dans le XIIIe et le XIVe siècles, les maisons de change et de banque provoquaient un incroyable mouvement de fonds. Vers les premières années du XVe, on évaluait à deux millions de florins d'or le capital circulant dans la ville, sans compter la valeur des marchandises, et il est douteux que ce chiffre fût alors plus considérable qu'auparavant. Ces changeurs, devenus banquiers des princes et du Saint-Siège, ont des comptoirs, des correspondants en toute ville importante. Sur les livres des Peruzzi, on relève les noms de cent trente-quatre de leurs agents, et parmi eux les plus grands noms de Florence. D'incessants rapports avec ces agents et avec les diverses succursales rendirent facile, en même temps que nécessaire, l'usage de cette précieuse lettre

VUE DU PONTE-VECCHIO.

de change qui dispensait d'emporter de lourds lingots, ou des monnaies dépréciées hors des pays où elles avaient légalement cours. L'âge d'or des voleurs était fini. Pour s'approprier le bien d'autrui, il fallut imaginer d'autres expédients que de s'embusquer au coin d'un bois. En quarante jours, le Florentin de Paris ou de Bruges recevait l'argent de sa maison par la voie de Venise, sous la forme d'un morceau de papier aussi léger à porter que facile à cacher.

Cet admirable instrument de crédit imprimait un vif et rapide essor aux opérations de banque. Les compagnies créèrent et multiplièrent bientôt les établissements où l'on déposait une quantité convenue de monnaies au titre le meilleur. Une simple inscription sur des registres y constatait le droit de chacun sur la part de ce capital qu'il avait versée. On pouvait faire mettre au compte de ses créanciers les sommes qu'on aurait dû leur payer annuellement. Le créancier pénétrait ainsi dans la compagnie; il y devenait comme un des associés, et il y jouissait des mêmes droits qu'eux. Par ce temps de monnaies sans cesse altérées, l'invariable capital des banques acquérait plus de valeur et, par conséquent, plus de faveur que l'or et l'argent en circulation. Comme il se trouvait concentré dans un petit nombre de mains, les frais devenaient moindres, et tout le monde y gagnait. Que de facilités aussitôt pour ces prêts et emprunts fréquents, quelquefois considérables, qui jouent un si grand rôle dans l'histoire de Florence! La commune donnait en gage ses gabelles, la location des boutiques au *Ponte-Vecchio* et aux alentours. Elle ne payait ses dettes qu'afin d'en contracter de nouvelles, en vue souvent de prêter à ses amis pour les soutenir, ou à ses ennemis pour les désarmer. Elle prêtait même à ses prêteurs. Formé de marchands, le gouvernement de

BOUTIQUES DU PONTE-VECCHIO.

cette grande et originale cité avait les mœurs et les pratiques d'une maison de banque. Il n'en différait guère que par plus de réserve dans l'usure, sans aller pourtant jusqu'à suivre la doctrine, alors en honneur dans l'Église, de la gratuité du prêt.

Dans ces temps-là, où se déchaînait partout et presque toujours la guerre, le trafic même y aboutissait. La propriété n'étant point respectée, il la fallait protéger. On en avait imaginé un singulier moyen, ces fameuses représailles dont le nom revient si souvent dans les auteurs. C'était chose fort ancienne et peut-être d'invention impériale, en tout cas devenue usuelle et considérée comme régulière, dans les limites où elle était possible, c'est-à-dire dans les rapports entretenus avec les autres villes d'Italie, surtout les plus rapprochées. Avant de « déclarer les représailles », on demandait aux coupables du dommage causé une juste réparation, et l'on ne les exerçait que sur leur refus. Quoique le droit n'en fût contesté par personne, les communes évitaient d'ordinaire de s'engager elles-mêmes : elles se bornaient à autoriser l'action de tel ou tel de leurs citoyens ; mais, loin d'en limiter le champ aux personnes dont elles avaient à se plaindre, elles l'étendaient aux innocents et à leur patrie, solidarité abusive et perturbatrice de tout repos.

Ainsi se poursuivait le redressement des griefs les plus divers. Pour le vol d'une bête de somme chargée de draps, le podestat accordait contre Imola 240 florins de représailles, 200 en réparation du dommage et 40 à cause des frais. Pour un galion chargé de grains qu'avaient pillé quelques Pisans, 800 livres contre Pise. Diverses sommes pour une créance non recouvrée, pour un reliquat de salaire non payé, pour les maigres honoraires d'un médecin. Mais avant d'accéder à la demande des particuliers, dont l'initiative intéressée introduisait le plus souvent ces sortes d'affaires, la commune s'assurait contre eux des garanties : elle exigeait des cautions, afin d'être sûre que les plaignants ne prendraient pas de vive force au delà de ce qui leur était dû.

Les violences légales et leurs dangers n'en frappaient pas moins tous les yeux. On voit aux documents paraître la crainte que les marchands étrangers ne viennent plus à Florence, effrayés qu'ils sont par la menace éternellement pendante des représailles; aussi la seigneurie suspendait-elle, à l'occasion, le *capitulum constituti* qui les autorisait. D'autres fois, pour les éviter, elle indemnisait le volé sur les biens déjà confisqués du voleur. On la vit refuser à un Florentin la permission d'aller, soit comme podestat, soit comme capitaine, dans une commune ayant autorisé des représailles contre un concitoyen de cet élu. Ladite commune était pour ainsi dire tenue en quarantaine, jusqu'à ce qu'elle eût réparé le dommage. Avec les villes puissantes qui auraient pu déclarer ou soutenir la guerre, il paraissait habile de multiplier les délais, pour laisser la porte ouverte aux accommodements.

Les Italiens n'ignoraient donc pas qu'ils troublaient le trafic en vue de le protéger; qu'ils rendaient leurs routes peu sûres par leurs efforts mêmes pour y procurer aux voyageurs sûreté et sécurité; en un mot, qu'ils soutenaient mal par la guerre privée ou publique les arts de la paix. Mais faute d'imaginer ou de pouvoir mieux, ils s'en tenaient à ce détestable expédient. A nul d'entre eux ne fût venu à l'esprit de blâmer ce qu'ils regardaient comme l'exercice d'un droit. Jamais les chroniques ne donnent aux représailles le nom qui leur conviendrait si bien, de violence et de déprédation.

Batailleurs chez eux et autour d'eux, les Florentins savaient, au loin, se faire pacifiques. Ils portaient au delà des mers, sur tous les points du monde connu, la renommée des quatre arts principaux de la « marchandise ». L'invention de la boussole favorisait le développement de leur trafic. Les voyages s'en trouvaient abrégés, puisqu'on pouvait perdre les côtes de vue. Privés de ports et de marine, ils nolisaient ces lourds navires de Gênes, de Pise, de Venise, presque aussi larges que longs, dont les vastes flancs s'ouvraient aux plus encombrantes cargaisons. Les risques étaient connus de ces expéditions aventureuses; mais, au moyen des assurances, on s'enhardissait à les affronter. Un voyage au Cathay, c'est-à-dire en Chine, ne demandait pas moins de trois ans. Il fallait six mois pour les échelles du Levant. Par voie de terre, la route était interminable. On voyageait en charrette ou à dos de mulet, sauf à profiter des lacs et des cours d'eau qu'on rencontrait. Rien de curieux comme l'itinéraire de Pegolotti, un de ces hardis marchands, qui courait les chemins en 1335. Dans les plus lointaines contrées s'établissaient des comptoirs pour aider à l'écoulement des produits exportés, vins, fruits, huiles, poisson, goudron, résine, et pour procurer ceux de l'importation, matières propres à la teinture, coton, soie grège, perles, pierres précieuses, ambre, or en lingots, sucre, poils de chèvre, bois pour ouvrer.

Une seule branche des importations d'Orient, les drogues et les épices, suffisait à la prospérité du cinquième art, qui réunissait les médecins, les apothicaires et les merciers. Les médecins, au nombre de soixante, y tenaient le haut du pavé, suivis à distance respectueuse des chirurgiens et des cent apothicaires. Ceux-ci, inférieurs dans la hiérarchie, étaient supérieurs par leurs richesses, qui faisaient celle de l'art : c'est qu'ils avaient la vente des épices. Quant aux merciers, ils ne jouissaient que d'une faible considération. L'esprit aristocratique s'insinuait partout dans cette démocratie. Plutôt que de mêler des professions si dissemblables, mieux eût valu multiplier le nombre des arts, comme faisait Pérouse, qui en comptait quarante-quatre. Mais la mobile Florence tenait à ses plus mauvaises traditions.

La science qu'on supposait aux médecins justifiait à leurs yeux et aux yeux de tous le premier rang qu'ils tenaient dans leur art, revanche inattendue du savoir au pays de la marchandise. Quiconque revenait de l'Université de Bologne médecin, comme aussi juge ou notaire, ne paraissait plus dans les rues que sous d'amples vêtements d'écarlate et de vair, comme les chevaliers. Reconnaissable, en outre, à sa barrette de velours, à ses gants, au bidet sa monture, au serviteur son acolyte, le médecin laissait au barbier les opérations réputées vulgaires de la chirurgie. Mais il ne devait pas être un grand clerc, car, malgré l'examen nouveau qu'il fallait subir en revenant de Bologne, devant les consuls de l'art, un revendeur, un marchand de volaille pouvaient très bien s'enrôler parmi les disciples d'Esculape. Breveté à peu de frais, le guérisseur tenait boutique ou achalandait la boutique d'un des apothicaires, dont il devenait comme l'associé.

Tâter le pouls, consulter les urines, indiquer les remèdes les plus simples ou ceux que conseillait la superstition, voilà le fond de la science. Toutes les plantes, toutes les drogues furent tour à tour recommandées et eurent le renom d'être le meilleur médicament : on se hâtait de les prendre tant qu'elles guérissaient. Certaines pilules souveraines, composées de dix substances à délayer dans du vin blanc, tuaient net leur homme. Pour dissiper la folie, le médecin mettait sur la tête du fou la mitre de saint Zanobi, ou sur ses épaules la chape de saint Jean Gualbert, deux saints du cru. L'image de la vierge Marie, produite à propos, rétablissait les infirmes, délivrait les possédés. Le Juif avait aussi ses recettes, et non moins infaillibles. L'art de guérir, alors même qu'il s'en tenait aux remèdes profanes, n'était pas plus sérieux. Pour une fève entrée dans l'oreille, vite des emplâtres, et un mois durant. Pour réveiller de la léthargie ou arrêter une hémorragie, il n'y avait qu'à lier le malade, afin de le brûler librement ensuite, quoi qu'il en eût, avec des chandelles. Plonger le fiévreux dans un bain d'eau froide lui coupait la fièvre. L'abus était flagrant des inoffensifs sirops, des purgations qui le peuvent être moins, des sources d'eau minérale et des bains de mer, qui avaient la réputation de laver tous les maux humains. Il n'était pas jusqu'à l'eau si souvent maigre de l'Arno qui, malgré ses souillures, ne passât pour un spécifique, et peut-être, après tout, opérait-elle des cures, dans un temps où la malpropreté trop commune produisait tant de maladies de peau.

L'incertitude et la rareté des guérisons n'en devaient pas moins engendrer le scepticisme. La médecine expectante eut son jour : elle ne ruinait ni la santé ni la bourse du malade, et elle permettait la concurrence avec les frères mineurs ou prêcheurs, dont les soins étaient gratuits. Laisser la nature agir, c'était certainement le plus sage en des siècles où l'on eût regardé comme une profanation de disséquer un cadavre. Sacchetti nous assure néanmoins que, de son temps, le savoir des médecins était réel. Croyons-l'en sur parole, s'il ne s'agissait plus que de se croiser les bras. L'inertie pouvait paraître docte au regard de l'empirisme arabe. Au surplus, que l'assertion fût véritable, elle cessa bientôt de l'être : l'amusant conteur avoue lui-même que, les maîtres de l'art ayant une fois disparu, s'abattirent sur Florence des nuées de médicastres qui n'auraient pas su trouver le pouls à un moulin.

De l'apothicaire-épicier, il reste à peine un mot à dire. Marchand avant tout, il était à peine frotté de cette belle science. Avec les juleps, les médecines, les herbes et les simples, il débitait des torches, des chandelles, des cercueils, des sucreries, des parfumeries, des sorbets, des conserves, le tout à boutique ouverte, sauf que la vente des seuls médicaments était permise les jours fériés.

Les juges et les notaires, frères ennemis comme les médecins et les merciers, ne formaient comme eux qu'un seul art, ce qui était beaucoup plus naturel. Non seulement ils occupaient le premier rang dans la hiérarchie des arts, mais encore ils prenaient le pas sur les chevaliers. C'est que leur office s'imposait entre tous dans une ville où le droit romain et le droit langobard, simultanément en vigueur, se livraient un perpétuel combat. Chaque jour, on les alléguait l'un et l'autre dans les causes privées ; d'où la nécessité de les interpréter et de prononcer entre eux, d'avoir, par conséquent, des jurisconsultes de profession, seuls capables de se retrouver dans ce dédale. C'est justice à leur rendre qu'ils s'y mouvaient comme le poisson dans l'eau. Leurs interprétations, juridiquement contestées quelquefois par ceux qu'elles condamnaient, étaient, pour la partie adverse et pour la multitude des gens non intéressés dans la question, de vrais oracles sybillins.

Les jurisprudents ne se bornent pas à consulter et les juges à juger : ce sont eux qui revoient et revisent les statuts, quand la décision a été prise de les reviser ; ce sont eux surtout qui forment ce conseil mobile dont les prieurs sont tenus de se faire assister en toute occasion. Leur chef était ce *proconsolo* dont, aujourd'hui encore, une des principales rues de Florence porte le nom. Reconnaissables à leur longue simarre fourrée de vair et à l'écritoire qui pendait à leur ceinture, on exigeait d'eux une dignité exemplaire dans la vie. Prenaient-ils part aux jeux publics, ils paraissaient ridicules. Au cheval du juge qui singeait les chevaliers, on attachait un chardon sous la queue ; la monture partait au galop et désarçonnait le vaniteux ou mondain magistrat qui avait laissé l'écritoire pour l'éperon.

A plus forte raison le public se montrait-il sévère pour les lenteurs, les lâchetés, les dénis de justice, la partialité, la vénalité. Les juges, sinon les notaires, n'auraient dû être ni guelfes, ni gibelins, et ils étaient l'un ou l'autre, ennemis jurés de qui ne coupait pas les pommes, ne portait pas les plumes comme eux. Un grand se voyait condamné à mille livres d'amende pour avoir parcouru les rues étroites à cheval, les jambes écartées, essuyant aux piétons le bout de ses chaussures. En revanche, un *popolano* n'avait à payer que cent livres pour avoir voulu connaître, au milieu de la rue, une femme mariée. Recevoir des « épices », comme disaient nos ancêtres, était l'exigeante habitude des hommes de loi. A défaut d'un bœuf, ils acceptaient un lièvre, non sans grimace, sans doute, car le bœuf même paraissait une épice médiocre : ils lui préféraient la vache pleine, qui donnait deux bêtes au lieu d'une. Aussi n'était-ce partout qu'un concert de plaintes. Juges et notaires sont insultés, bafoués. Boccace est instructif à cet égard. « J'aimerais mieux, dit Sacchetti, voir mon fils chasseur que légiste. »

Au demeurant, ces malheureux légistes n'étaient pas sans excuses. Comment éviter les lenteurs, quand les jours fériés dévoraient un tiers de l'année? On croyait d'ailleurs les formalités multiples protectrices des justiciables. La rigueur même des châtiments corporels, quoique dans les idées du temps, était devenue si effroyable qu'on imaginait mille subterfuges ou biais pour n'y pas recourir, autant que pour y échapper. Aux supplices, volontiers, la République besogneuse substituait les peines pécuniaires. Il semblait si dur de brûler une femme pour adultère, qu'un statut exigea l'aveu de la coupable, et bientôt il n'y en eut plus une seule qui avouât, même le flagrant délit. Pour éluder ce texte formel « que celui qui a tué meure », le podestat Rubaconte, ayant reçu une plainte contre un maladroit qui s'était laissé choir du haut d'un pont et avait causé mort d'homme, ordonnait que le meurtrier involontaire prît la place de la victime, et qu'un des plaignants se laissât choir sur lui. Tel magistrat mettait la faute commise sur le compte du diable, ennemi du genre humain, et il y avait chance que cette assertion fût admise par les parties, surtout si on l'accompagnait d'explications plausibles, en disant, par exemple, que le désordre, objet de la plainte, ayant eu pour origine un corbeau, on ne pouvait nier que cet animal à robe noire et à voix infernale fût le diable en personne.

Comment de telles pratiques et de telles idées n'eussent-elles pas énervé l'action de la justice ? Grands étaient ses embarras par le nombre des affaires civiles. Débiteurs qui refusaient de payer ou qui niaient leur dette et qu'on n'osait poursuivre les jours fériés, banqueroutiers de bonne ou de mauvaise foi, fripons de haut étage qui savaient ruser avec des statuts trop souvent contradictoires, mettaient les juges sur les dents. Une fois les prisons pleines, ils leur donnaient pour annexes des maisons privées, et ils finissaient par les vider périodiquement. Pour ces évacuations prévues, on profitait des grandes fêtes carillonnées. On offrait alors à Dieu ou à la Vierge les plus présentables des prisonniers, et ceux-ci, pour obtenir leur élargissement, trouvaient les espèces dont ils manquaient pour payer leurs dettes. C'est aussi à l'offrande que recourait la Seigneurie pour réparer, sans les avouer, les erreurs judiciaires. Toujours partielles et très restreintes, ces périodiques amnisties étaient sans danger. A force même de multiplier les exceptions, le nombre réglementaire ne s'obtenait pas toujours des vingt-cinq prisonniers à offrir. On accordait alors des facilités. C'était la liberté au rabais.

FRANCO SACCHETTI.

Les autres arts, moins honorés que les précédents, n'en avaient pas moins leur rang dans la rigoureuse hiérarchie, et chacun dédaignait au-dessous de soi. La laine méprisait les bouchers, si fiers de nourrir le peuple et si pleins de mépris pour ces gens qui vendaient la viande sans l'avoir même dépecée, sans avoir surtout égorgé l'animal. Les marchands de vin n'avaient pas non plus bien bonne renommée. Rien de plus ordinaire que la fraude. Elle était punie de mort, mais on s'en tirait moyennant finance, ou, dans les cas véniels, par une plaisanterie. Témoin l'aubergiste à qui un voyageur reproche de n'avoir pas mis au lit des draps blancs : — Seraient-ils, par hasard, répond-il, noirs, rouges ou bleus? — Et le plaignant de rire. Une ingénieuse forme de la fraude était de se faire porter contribuable à la fois en ville et dans la campagne, afin de dire ici qu'on payait là, pour ne payer nulle part, ce qui ne donne pas une haute idée des modes de perception. Par moments, on en venait à une sorte de liquidation générale : aubergistes et marchands de vin étaient sommés de rembourser leurs « peuples » de tout ce que ces « peuples » avaient versé comme répondants de ces débitants si suspects.

Pourquoi les boulangers étaient-ils, dans l'estime publique, tout au bas de l'échelle? Il y a là, probablement, un phénomène réflexe. Le pain étant objet de première nécessité, le prix en était officiellement fixé, et il s'élevait durant l'hiver, parce que les copeaux et le bois coûtaient alors davantage. Ne pouvant hausser leurs prix à leur convenance, les boulangers se rattrapaient sur la qualité et le poids. Ils fraudaient largement, spéculaient sur la vie du pauvre, y perdaient toute considération et s'en consolaient par la recherche de la fortune. Les industries qui se rattachaient à la leur n'étaient pas moins fameuses pour leur improbité. Reconnaissables à leur pourpoint et à leur tablier blancs, les meuniers passaient pour les plus voleurs de tous les hommes : devant leurs ruses obstinées échouaient les décrets, les « provisions ».

Quant à l'agriculteur, au paysan, au *contadino*, comme on l'appelait, il était hors des cadres réguliers et tenu pour un être inférieur. Sa jupe sans manteau et quelquefois sans hautde-chausses, sa large ceinture, sa capuche aux fanons pendants, tout son accoutrement et sa malpropreté jetaient sur lui la défaveur. On ne remarquait pas qu'il était, après tout, de race fine et subtile, que dans sa sordide masure il jouait au noble jeu des échecs. Si les offices publics avaient su résister aux préventions trop répandues en relevant l'agriculteur, ils eussent développé l'agriculture, prévenu les disettes, rendu moins oppressive la législation annonaire, créé une source nouvelle de prospérité que méconnurent toujours les Florentins. Cette démocratie n'avait que mépris ou haine pour tout ce qu'elle voyait au-dessous ou au-dessus de soi : le mépris était pour les nourriciers du peuple, la haine pour ces élégants fils des magnats proscrits du temps passé, qui se parfumaient de musc. Dans la famille même, la femme noble d'un *popolano* riche dédaignait un mari qui ne savait qu'auner du drap et discourir de tissus. Pour se relever aux yeux de la dédaigneuse matrone qui rendait la vie dure au logis, il fallait acquérir la dignité de chevalier, qui ne permettait plus le travail du marchand, ni même de l'avocat, et dont la caractéristique était de ne s'occuper que de chiens et de chevaux. « En traînant le ceinturon dans les écuries et les porcheries, écrit Sacchetti, on a donné à la chevalerie le coup de la mort, sans rien mettre à la place. » M. Jourdain devenu chevalier, les gentilshommes de bonne souche, qui

HOMME DU PEUPLE.

auraient pu relever l'ordre équestre, allaient au loin recommencer leur fortune par le travail et cacher ce travail dont ils rougissaient. Leurs fils se mettaient au service des princes, après avoir étudié, « non pas, dit Boccace, pour vendre leur science au détail, à l'exemple d'un grand nombre, mais pour savoir la raison des choses ». La nostalgie les ramenait-elle à Florence, ils y revenaient enrichis ou couverts de gloire. Là, sans rien perdre de leur morgue avec les marchands, sans renoncer aux chevauchées, à la chasse au faucon, ils jouaient familièrement aux échecs avec leurs domestiques, prêtaient à usure et couvraient leurs plus blâmables pratiques de leurs relations avec l'évêque, dont ils faisaient sonner haut l'amitié.

Dame noble florentine.

Telle apparaît, vue à vol d'oiseau, la société florentine. Mais ce coup d'œil ne saurait suffire. Puisque Florence est une ruche, il faut voir les abeilles au travail. Si le mot d'économie politique n'est pas de mise, parce qu'il ferait anachronisme, c'est pourtant bien la chose même que nous surprenons ici à ses origines, avec ses erreurs inévitables de débutante, mais aussi pourtant avec une si claire intelligence qu'on en est comme émerveillé.

Modèle et plus tard partie intégrante des institutions communales, les arts ou métiers sont chargés, à Florence, de certaines tâches qui, ailleurs, sont retenues par l'État, entre autres la fondation et l'entretien des établissements de bienfaisance, les encouragements aux beaux arts sous forme de commande. Se réunissant en armes sous leurs bannières, ils sont une milice toute prête pour défendre l'ordre établi contre les incessants tumultes de la place et des rues. C'eût été facilement l'anarchie, si, dans la vie militaire comme dans la vie civile, l'intérêt bien entendu ne leur eût conseillé l'obéissance.

Ainsi s'explique qu'ils n'aient jamais contesté aux offices publics un droit étendu de surveillance sur leur travail. Leurs statuts devaient être approuvés, et ils supportaient volontiers cette gêne, à condition de l'imposer au-dessous d'eux. De là l'interdiction aux métiers subalternes de s'élever à la dignité d'arts. Ces métiers prenaient leur mal en patience, parce qu'ils voyaient tout citoyen obligé de s'inscrire aux registres d'un art et d'y payer le droit d'immatriculation, sous peine de ne pouvoir réparer sa demeure, fabriquer sa table ou sa charrue, préparer son vernis, battre son fromage, tuer son porc. Quoique forcés d'entrer dans un art, les Florentins n'y entraient point sans une sorte d'enquête morale et d'examen technique, si bien que tous devaient se montrer capables de quelque chose pour n'être pas relégués au rang sans honneur des *scioperati* ou oisifs. Et le besoin de garanties ne fit que croître avec le temps.

Ce n'est pas, en effet, seulement au seuil de l'art que de telles précautions sont prises. Théoriquement, il est bien dit que les nouveaux membres jouissent d'une liberté entière après leur admission ; mais tout autre est la pratique. Ne faut-il pas protéger les anciens contre les nouveaux, le patron contre l'artisan passé maître, le public contre tous ces hommes qui font partie du public ? C'était une véritable orgie de règlements. De leur multiplicité, croyait-on, dépendait le salut des arts. Par exemple, les offices déterminaient la moindre quantité d'acier qui devait entrer dans un casque, la grandeur et la forme des caisses et des malles, des outils, du peigne à carder, du seau à laver. Dans chaque boutique ne se pouvait vendre qu'un seul genre de marchandises. Elles avaient beau être similaires, dès qu'on y constatait la moindre différence, il fallait ouvrir autant de boutiques que de natures d'objets, ce que des riches pouvaient seuls se permettre. Tous les moyens semblaient bons pour maintenir dans l'industrie et le trafic des traditions d'honnêteté. Fut déclaré obligatoire le ministère des *sensali* ou courtiers, contrôleurs officiels dont les contrôlés, sans nul souci de rester honnêtes, trompaient de leur mieux l'active surveillance. La moralité publique repose trop souvent sur un sol d'immoralités privées. Mais, malgré mille échecs, subsistait la foi dans le système. On appelait même le clergé à la rescousse pour l'appliquer plus vigoureusement.

L'égalité n'obtenait pas plus de respect que la liberté. L'une et l'autre étaient également violées chez les petites gens. Moins dure fut toujours l'aristocratie vénitienne aux apprentis, aux compagnons, aux revendeurs, aux humbles intermédiaires. La matricule n'est pas exigée de tous les membres reconnus d'un art, et ceux qu'on en dispense, ce sont les fils, les gendres, les proches parents du maître. Cette dispense fait même partie de la dot. Ceux qui payent ne payent ni également, ni proportionnellement. Que le citoyen soit, à cet égard, plus favorisé que l'étranger, nous le comprenons ; mais pourquoi traiter mieux l'apprenti, le compagnon enrégimentés que les pauvres gens qui, ne s'étant point formés dans l'art, tombaient sous sa coupe? Florence refusa toujours le droit d'association, le droit de s'entendre pour établir des prix uniformes, aux infortunés qu'un salaire insuffisant faisait mourir de faim avec leurs familles, tandis que les patrons conservaient le privilège de s'unir pour en fixer le maximum, tout salaire resté libre paraissant un scandale. Les artisans se voyaient, en outre, fixer le jour où ils rapporteraient leur ouvrage, interdire jusque-là d'en commencer un autre, ordonner de se pourvoir en abondance, comme s'ils avaient des capitaux, de tous les objets nécessaires à l'exercice de leurs métiers. Plus d'une fois, mais en vain, ils avaient tenté de manier l'arme dangereuse de la grève, dont le soulèvement des *ciompi* n'est que la forme aiguë. De leur mémorable défaite ils avaient appris, comme dit Dante, à « laisser toute espérance » en entrant dans l'enfer des métiers.

La soupape de sûreté, c'est qu'on n'osait pas appliquer toujours des lois trop rigoureuses, trop nombreuses, et, conséquemment, parfois contradictoires. Il restait souvent possible de passer à travers les mailles du filet. Ainsi, dans une même industrie, on trouvait des artisans de condition égale soumis à des tarifs inégaux. En dépit de toutes les critiques, la condition des hommes de travail est plus tolérable à Florence que partout ailleurs dans ces temps-là. Il suffirait de montrer ce qu'elle était à Pise, à Paris, dans la Hanse germanique. Cette démocratie restreinte et tyrannique ouvre du moins à tous l'apprentissage, et la durée n'en importe pas pour l'obtention de la maîtrise. L'apprenti n'est tenu de produire ni lettres d'apprentissage, ni lettres d'honorabilité, ni « chefs-d'œuvre ». Nul besoin de justifier d'un certain avoir, d'établir qu'il n'est ni bâtard ni serf. La liberté du contrat entre les contractants, tel est le principe, souvent violé, il est vrai. De la pratique la théorie consolait les âmes simples, faciles à consoler.

C'est dans les rapports de ville à ville, au sein même de la République, que théorie et pratique sont également vicieuses. Il paraissait légitime de protéger par les gabelles des portes la capitale contre des cités annexées de force ou même de gré. Le plus étrange, c'est que chacun de ces nouveaux membres de l'État conserve des armes contre les autres et même contre la tête. Fort ancien en Italie, ce régime y régnait sans partage. Mais, en ce qui concerne Florence, il ne provenait point d'un sentiment inavoué d'infériorité. Loin de là, convaincus de fabriquer mieux qu'ailleurs, nos Florentins ne croyaient pas devoir porter ailleurs les secrets de leur fabrication, système défensif qu'explique l'embauchage des artisans italiens par divers princes. Pour se défendre, Florence oubliait les saines doctrines, entrevues au temps de la démocratie. Avec les idées nouvelles en honneur sous l'oligarchie, puis sous le principat, soit déguisé, soit déclaré, la participation des étrangers au trafic ne pouvait être qu'un privilège, toujours très arbitraire. La prospérité générale paraissant dépendre de celle des manufactures, on y sacrifiait résolument l'intérêt des consommateurs.

Ces vues sont celles de l'aristocratie et de la haute bourgeoisie. Les petits bourgeois des arts mineurs en avaient de plus justes et de plus larges. Ils ne demandaient ni la suppression, ni même la limitation de la concurrence. Ils réclamaient seulement que les étrangers subissent leur part des charges de l'impôt, car celles-ci, ne pesant que sur le travail indigène, lui rendaient la concurrence ruineuse. Encore ne tenaient-ils pas pour étrangers les hommes établis depuis vingt ans dans le pays, ni ceux qui y avaient épousé des Florentines. Mais n'ayant plus, sous le règne de l'oligarchie, voix au chapitre, ces esprits ouverts ne pouvaient assurer le triomphe de leurs vues. La liberté commerciale ne fait son apparition qu'en 1478, sous les Médicis, et les sages mesures d'alors sont rapportées dès 1480, sans alléguer d'autre motif ou prétexte que les besoins du *Monte*.

L'incohérence et les vices de ce système économique n'étaient nulle part plus sensibles que dans les règlements relatifs au transit. Les marchandises se détournaient de Florence, alors même qu'elle était sur leur chemin. A faire un détour de deux journées, avec l'obligation de payer des droits dans treize ou quatorze localités, elles gagnaient encore beaucoup : les soies, par exemple, ne payaient que 10 livres, au lieu de 43. « Chacun, disaient les actes officiels, fuit notre territoire, quoique beaucoup de conducteurs soient des sujets florentins qui, au cours de leurs voyages, reverraient volontiers leur maison, leurs affaires. Notre pays est peu fréquenté, les impôts sur les auberges ne rendent guère, l'élévation des droits nous fait perdre tous droits. » Après un tel aveu, rien d'étonnant si l'on essaya de dégrever le transit; mais la liberté com-

PORTE SAN FREDIANO.

merciale, en Toscane, ne fut jamais que l'exception. Les marchands essayaient de se défendre au moyen des assurances; ils n'avaient fait qu'ouvrir une inépuisable source de procès. Le procès perdu, restaient pour dernière ressource les fameuses représailles, et tout n'était pas rose dans l'exercice du droit de saisie. Malgré les lettres officielles qui le conféraient à la personne lésée, celle-ci ne devait pas, dans ses reprises, dépasser la juste évaluation du dommage, sous peine de s'exposer elle-même à des représailles ; or quoi de plus malaisé que d'apprécier la valeur exacte d'objets dont on ne pouvait guère s'emparer que furtivement ou par un rapide coup de main ? D'autre part, il suffisait souvent que l'offenseur promît de rendre justice à l'offensé pour que ce dernier perdît tout droit aux représailles. Et cette loi du talion, qui prenait, à la turque, œil pour œil, dent pour dent, ne disparut point devant les lumières de la Renaissance. Elle resta en vigueur sous les Médicis, dans ce xve siècle perfide où l'on ne peut plus compter sur la droiture, sur l'équité, sur la parole, sur le serment. L'esprit de haine et de défiance était ancré au plus profond des entrailles chez des peuples qui ne secouaient qu'avec peine les idées du moyen âge.

De ce joug, impatiemment supporté peut-être, mais supporté en somme, vint aussi l'impuissance des Florentins à devenir puissance maritime. Quand Florence eut acquis Pise, aux tyrannies pisanes elle ne sut qu'ajouter les siennes. Les consuls de mer se font les instruments obligés du despotisme le plus étroit, tenus qu'ils sont d'en référer pour presque tout à la Seigneurie. Pas l'ombre d'une liberté pour les hommes et leurs marchandises. La République essaye-t-elle d'établir une circulation plus facile, pour provoquer les arrivages dans ses ports, vite elle contrarie cet effort intelligent par les privilèges accordés à son propre pavillon, par le monopole de l'armement et du chargement des vaisseaux, par le droit qu'elle se réserve de fixer les tarifs, d'imposer aux navires leur destination, les lieux où ils doivent charger et décharger, le nombre de jours qu'ils y doivent rester. Pour être autorisé à protéger ses marchandises contre tous risques, sans en excepter le risque des représailles, il faut que le trafiquant étranger les ait importées sur navires florentins.

Même étroitesse dans l'usage de ce crédit, qui était né à Florence en même temps qu'à Venise, et dont les développements ultérieurs ont donné aux affaires un si prodigieux essor. Les arts le limitaient à de courtes durées, ne l'admettaient qu'entre leurs membres, exigeaient caution pour délivrer un mandat, n'accordaient aucun escompte pour les payements au comptant. Chacun d'eux décidait par et pour soi ; mais, esprit d'imitation, communauté d'intérêts ou de vues, souvent ils aboutissaient tous aux mêmes décisions. La législation florentine n'est qu'une résultante. Sur le prêt, nos marchands, nos banquiers n'admettaient pas la doctrine des Augustins et des Dominicains, qui en exigeaient la gratuité ; mais ils penchaient trop de l'autre bord. Ces chrétiens étaient terriblement juifs. Les écrivains et les rédacteurs officiels des provisions, tout comme les prédicateurs, s'accordent, quand ils parlent des mauvaises mœurs de leur ville, à flétrir les gains déshonnêtes, l'agiotage, l'usure ; seulement, ils ne disent pas que l'État tenait le premier rang parmi les usuriers.

Des adversaires de l'usure, portés au pouvoir, essayaient-ils de la combattre, ils n'y pouvaient opposer que des palliatifs. Comment l'État se fût-il montré efficacement sévère, lui qui donnait le mauvais exemple, lui qui autorisait, encourageait, pratiquait les jeux de bourse? Et puis, deux mois écoulés, les prieurs austères avaient chance d'être remplacés par des prieurs plus coulants. A chaque instant se trouvait transformée la législation du prêt, tantôt en changeant le taux de l'intérêt, tantôt en frappant sur les banques de prêt quelque impôt exorbitant.

Après bien des oscillations et des tâtonnements, l'expérience ayant porté ses fruits amers, la République n'essaya plus d'arrêter le fleuve dans sa course. Elle se contenta de lui avoir creusé un lit. Les plus ardentes prédications n'y purent rien. L'opinion était fixée : l'usure ne la choquait plus. Elle sentait bien, malgré les honnêtes gens à vues courtes, que le prêt à intérêt, fût-il usuraire, était un élément considérable de la prospérité, qu'il servait au trafic, à l'industrie des métiers, plus encore peut-être au travail agricole.

Pour cette ville de trafiquants et d'artisans, le travail agricole était primé par le travail urbain ; mais il s'y rattachait par le ravitaillement quotidien de Florence. Ses importants services n'en étaient pas moins dédaignés. C'est un fait général, au moyen âge, que l'antagonisme entre les villes et les campagnes, au grand dam de celles-ci. Elles ne devaient pas compter sur les capitaux des villes pour aménager et fertiliser le sol. Des rivières, qu'on n'avait cure d'endiguer, dépréciaient singulièrement la propriété rurale. En était-elle voisine, elle se voyait exposée aux inondations; éloignée, elle manquait d'eau. Dans les régions mal peuplées, faute de bras, elle restait en friche. Par la rareté ou le mauvais état des routes, le transport des produits devenait onéreux. Le laboureur se faisait rare. On le recherchait alors, il sentait son prix, désertait, allait où l'on payait le mieux. Si peu riche était souvent le propriétaire terrien qu'on le voyait emprunter à ses mercenaires. Ceux-ci prêtaient, sans cesser pour cela de voler le maître. Afin de les tenir en bride, on les forçait à rendre des comptes comparatifs à ceux des années précédentes, comme à ceux des voisins.

Ailleurs, à vrai dire, en pays d'aristocratie féodale ou autre, c'était pis encore : l'oppression et le mépris mettaient plus d'écart entre citadins et paysans. En Toscane, à Florence, la haine commune des magnats, anciens persécuteurs, rapprochait. Ceux qui résidaient encore dans les campagnes devaient y être tolérables, s'ils y voulaient être tolérés. Les principes du droit romain, qui présidaient aux partages en famille, morcelaient la propriété au profit des humbles. La liberté du sol assurait celle des personnes, que Florence avait proclamée dans maint document. Les marchands, devenus propriétaires fonciers, répandaient sur leurs terres une abondante rosée de florins. L'odieuse corvée, transformée en tribut, réconciliait le campagnard avec sa condition. Un salaire plus rémunérateur lui donnait courage au travail, et la culture s'en trouvait améliorée. Dès 1440, il peut se dire fermier libre, lié par un simple contrat privé envers le propriétaire, s'il n'est déjà propriétaire lui-même, sans rien devoir au seigneur ou aux corporations.

N'exagérons rien, toutefois. Les marchands florentins ont affranchi le paysan du joug seigneurial, non de leur joug à eux. Détenteurs du sol, à titre privé ou collectif avec les arts, ils ont rendu ou provoqué des provisions pour se protéger contre leurs serviteurs, pour s'assurer de leur part certains services. Sur bien des points, le colon est assimilé à l'artisan. Ce qui le consolait de son mal, c'était le mal d'autrui : son propriétaire, comme lui, soupirait après la liberté. Incroyables, en effet, étaient les exigences de la loi : elle imposait à chaque ferme un potager de grandeur déterminée, planté de légumes, dont elle fixait même la nature, d'après celle du terrain. A peine obtient-on chez soi licence de choisir l'emplacement du potager. Ceux qui ont la culture d'une terre pour une durée de quinze à soixante ans sont tenus à planter, tous les ans, cinq arbres fruitiers. La culture, par ces servitudes, prend presque rang parmi les arts. Elle leur ressemble du moins par leurs mauvais côtés. Les prescriptions tyranniques sont le prix d'une quasi-reconnaissance par l'État ou tout au moins de sa protection.

Contre les dangers d'un morcellement excessif, un remède original est à signaler. Le voisin de toute propriété territoriale avait droit de préemption. En cas de désaccord, le prix était fixé par arbitres. Le vendeur avait-il méconnu ce privilège légal, trois années restaient au voisin pour racheter, au prix de vente, à l'acheteur indûment préféré. D'où l'impossibilité d'aliéner une terre, voire une maison, sans l'assentiment du propriétaire contigu. Celui-ci peut même exiger la vente d'un domaine qui ne dépasse pas la valeur de cent livres et est borné de deux côtés par un domaine plus grand, ou qui est entouré de trois côtés, valût-il deux cents livres. Ce droit ne disparaît que s'il y a sur la terre dont l'acquisition est convoitée une maison ou cabane d'habitation. En outre, il ne peut jamais être exercé par un magnat contre un *popolano*. Le meunier sans souci n'obtient protection qu'aux dépens de la liberté, car si le voisin enclavé veut vendre, le voisin enclavant est tenu d'acheter : utile, mais violent correctif à la loi qui partageait les héritages, et véritable nid à procès. On trouve ailleurs comme à Florence cette curieuse coutume; mais l'ingénieuse et despotique Florence en avait sans doute pris l'initiative, ou tout au moins avait-elle perfectionné le système.

Sous ces réserves excessives, tout Florentin pouvait devenir propriétaire sur un point quelconque du territoire. Il n'en était pas de même de l'étranger : prendre un bien à ferme était son seul droit, sous condition encore que la ferme ne dépassât jamais dix années. On n'admettait pas que ceux qui échappaient aux impôts et aux charges possédassent la moindre parcelle du sol. La doctrine, à cet égard, était si fermement arrêtée que les clercs, jouissant des mêmes immunités, tombaient sous le coup de la même interdiction.

Ce qui rend plus extraordinaires les erreurs des Florentins sur les moyens de protéger la terre arable et cultivable, c'est que la nécessité de cette protection devait frapper tous les yeux. Des guerres continuelles, un sol presque partout montagneux et stérile rendaient les produits de l'agriculture insuffisants pour les besoins du pays. Jusque dans les bonnes années, le travail des champs ne suffisait à nourrir que pendant cinq mois la métropole, et dès que les transports par mer n'étaient plus libres, il y avait disette, parfois même famine. La famine désolait en moyenne trente-trois années sur cent. Grande préoccupation pour les politiques, car, d'après le droit romain, le gouvernement était responsable.

Il est donc naturel que, pour le trafic des denrées alimentaires, tout fût subordonné à la nécessité des approvisionnements. Les Pandectes à la main, l'État considérait tout marchand de blé comme un ouvrier, tout paysan comme prêt à abuser du renchérissement. De là des pénalités nombreuses contre les intermédiaires et les accapareurs, contre les accapareurs surtout, devenus légion, par prudence ou par cupidité. La quantité une fois déterminée que chacun pourra détenir, le surplus devra être apporté au marché et vendu au prix officiel. C'est sur le marché que toutes les céréales sont, par ordre, mises en vente et mêmes déchargées ; le nombre des heures où la vente est permise devient moindre de jour en jour. Les aubergistes reçoivent l'ordre de veiller sur leurs hôtes, pour empêcher, de leur part, toute contravention. Et ces défenses, explicables peut-être, quoique excessives, pour les denrées de première nécessité, s'étendent à d'autres, telles que le miel et les légumes, les œufs et les fromages, les poissons et les châtaignes, les bois et les charbons.

La question des subsistances étant capitale, de très bonne heure les offices avaient limité la quantité de céréales que tout boulanger pourrait acheter chaque jour. Les règles des temps d'abondance n'étaient pas celles des temps de disette, et quand la disette revenait, les pouvoirs publics semblaient perdre l'esprit, malheur dont le retour fréquent faisait l'insignifiance, après en avoir fait la gravité. Sur ce point essentiel, on vivait alors sans être ni se sentir gouverné. L'État abrogeait certaines provisions, en édictait d'autres, volontiers féroces, et les laissait violer. Il favorisait l'importation en affranchissant l'importateur de tout risque légal, sauf à donner plus tard à la protection sa revanche. L'habileté administrative n'est certes pas grande ; il y a cependant progrès. Primitivement, pour savoir si la disette menaçait, s'il fallait multiplier les achats de céréales, chaque année, le 3 février, les « officiers de l'abondance » montaient sur la tour d'Or San-Michele, ancien grenier aux grains, pour examiner la campagne, et ils se décidaient selon que la verdure frappait plus ou moins leurs yeux.

Cette incapacité traditionnelle à ordonner les ensembles avait son pendant et sa contre-partie dans la rage de régler jusqu'aux moindres détails. Le marchand de vin ne peut, quel que soit son débit, avoir que deux tonneaux, et de capacité déterminée, l'un pour le vin blanc, l'autre pour le rouge. Si la vente du jus de la treille reste libre, c'est que l'impôt énorme de 50 pour 100 dont il est frappé, d'après le prix de vente, donne à la concurrence un grand intérêt fiscal. Avec les bouchers, avec les boulangers, qui n'étaient pas dans les mêmes conditions, la défiance restait toujours en éveil, et la manie des règlements sévissait sans relâche.

Pas plus que l'importation, l'exportation n'était libre pour les produits de la culture, pour le bétail, pour les objets de consommation. Approvisionner la plus grande ville de l'État, tout en conservant à la culture les bêtes de labour en nombre suffisant, était une difficulté sans cesse renaissante. Ces bêtes une fois introduites, des droits élevés les retenaient. La consommation avait ses limites fixées, et « l'étranger », dans une certaine mesure, était chargé d'y pourvoir. Une vexation donnera l'idée de mille autres : la pauvreté des pâturages en Toscane réduisant le propriétaire à envoyer ses troupeaux au loin, l'obligation lui était imposée d'en ramener tantôt un quart, tantôt un tiers en sus, surcharge d'impôt bien lourde pour qui, ayant payé des droits à la sortie du territoire florentin, et à l'entrée du territoire pisan, par exemple, en payait autant au retour. La tutelle oppressive prenait l'homme au berceau et ne le lâchait qu'étendu dans la tombe.

De tout ce qui précède, il résulte que la mobile Florence est restée presque immuable dans sa politique restrictive et protectrice jusqu'à la prohibition. Cette politique étroite, égoïste, est un droit et, à certaines heures, peut être un devoir ; poussée à l'excès ou érigée en système absolu, elle devient odieuse et, tout ensemble, maladroite par l'inintelligence des vérités économiques. Mais, ces vérités, nulle part ailleurs, dans ces temps-là, on ne les comprenait mieux. Nos Florentins avaient vu des premiers que la libre concurrence est un moyen préventif contre l'excessive élévation des prix. Leur tort fut de ne la vouloir jamais que sur tel ou tel point isolé, ce qui lui ôtait son efficace. D'une seigneurie à l'autre changeait souvent la doctrine, et, dans les deux mois d'une même seigneurie, que la récolte parût mauvaise, les idées passaient du blanc au noir.

LE LIS FLORENTIN.

Au point de vue absolu, l'économiste peut blâmer ; mais il n'y a que du relatif en histoire. L'historien doit comprendre et expliquer. Dans les conditions où se trouvait l'Italie au moyen âge, et même aux jours de la Renaissance, plus de largeur d'esprit eût été impossible. On n'y aurait vu que des périls. Florence eût-elle ouvert ses portes toutes grandes aux produits de ses voisins, elle n'eût pas obtenu d'eux la réciprocité. L'étranger, c'était l'ennemi, et l'on tenait pour étranger quiconque ne vivait pas sous les lois de la République. La ville de la Fleur — c'est-à-dire du lis qui est dans ses armes, car on ne dit plus, comme aux temps primitifs, la ville des fleurs — n'était qu'une grande maison de commerce. Dans les autres villes, elle voyait comme autant de maisons rivales. Forcée à en subir la concurrence, elle prenait la concurrence en horreur, et, pour mieux lutter, lui donnait la chasse dans son propre sein. C'est un motif de jalousie commerciale qui lui met les armes aux mains pour détruire l'indépendance des républiques voisines, et l'on peut dire que ce fut une nécessité. Venise, quoique protégée par ses lagunes et dès longtemps maîtresse de la mer, n'agit pas d'autre façon. Milan et Naples suivent aussi cette politique de trafiquants.

C'est donc le génie du trafic, compliqué d'impérieux besoins fiscaux, qui préside à la politique. Quelques mots ne seront pas inutiles sur ces besoins chaque jour renouvelés et plus grands. Florence ne compta jamais plus de cent mille habitants, et l'on est quelque peu embarrassé de dire combien y étaient à résidence fixe, en qualité sinon de citoyens, puisque le nombre n'en dépassa guère deux mille cinq cents, du moins d'indigènes. Soixante-dix mille indigènes, telle est l'évaluation la plus probable. Le reste n'était que population flottante, par conséquent très variable et souvent venue de loin : dans les trente mille personnes qu'occupait l'art de la laine se trouvaient beaucoup de Flamands. Il n'est pas douteux, d'ailleurs, que les autres principaux arts reçussent en partie, comme la laine, leurs artisans du dehors. Les recettes perçues aux portes de la ville dans le cours du XIVe siècle donnent sur les besoins de cette agglomération composite des indications curieuses. Il entrait en moyenne 55,000 mesures de vin, 4,000 bœufs et veaux, 60,000 moutons et brebis, 20,000 chèvres et boucs, 30,000 porcs. Avec les porcs que tout citadin entretenait chez soi et laissait vaguer par les rues, Florence devait ressembler quelque peu à une vaste porcherie. Durant le mois de juillet, par une seule porte étaient introduites en ville 4,000 charges de melons et autres fruits.

Les gabelles qu'on payait à ces portes devaient donc être considérables ; mais elles ne l'étaient jamais assez, et l'on n'osait pourtant les accroître par le chiffre ou par le nombre : la crainte d'éventrer la poule aux œufs d'or est, en matière de finances, le commencement de la sagesse. Nécessité faisant loi, apparut à la fin le redoutable système des *prestanze* ou emprunts forcés avec intérêt annuel. Chaque famille fut taxée par tête et non d'après ses biens. Il y eut des récompenses pour qui versait exactement sa quote-part, des peines pour les récalcitrants et même pour les retardataires. Ce système fit fortune, malgré ce qu'il avait d'oppressif : plus jamais Florence n'y renonça. La promesse d'un remboursement avec intérêts faisait paraître acceptable cette charge si fréquemment renouvelée. Seule, la taxation par tête semblait injuste, et l'injustice en était diminuée par l'*estimo* ou estimation des biens de toute sorte pour fixer des taxes proportionnelles. Des fraudes sans nombre contraignaient les offices à refaire l'*estimo* environ tous les dix ans. C'est l'embryon d'un vrai cadastre.

Certes, la vie économique des Florentins était fort défectueuse, comme on vient de le voir. Mais leurs erreurs n'offraient pas alors les graves dangers qu'on en pourrait redouter aujourd'hui. Ne comptant, comme les autres peuples contemporains, que sur eux-mêmes, ils savaient fort bien, malgré leur grande force d'expansion, se résigner, quand il le fallait, à l'isolement, on dirait presque au blocus. Le jour où ils se seront donné des maîtres héréditaires, leur régime changera peu, ou du moins le naturel, un moment chassé, reviendra au galop. Tout effort pour le mettre à jamais en fuite eût certainement échoué. Qu'on ne l'oublie pas, néanmoins, dans l'ordre des idées économiques, Florence apparaît infiniment supérieure à toutes les autres villes, non seulement d'Italie, mais encore d'Europe. Bien des institutions dont nous sommes fiers y ont leur origine ou s'y trouvent en germe. Il est toujours facile de critiquer le passé, il l'est moins d'être juste envers lui.

CHAPITRE IV

LES MŒURS.

La religion et la morale. — L'incrédulité et la superstition. — Le clergé. — Les classes infimes. — La famille. — Les femmes. — La maison et la rue. — Sobriété, sauf pour le vin. — Goût des fêtes. — Pusillanimité devant les épidémies. — Relâchement des affections. — Gaieté du caractère. — Réforme des mœurs tentée par Savonarole.

Quelque opinion qu'on professe sur l'indépendance ou la dépendance de la morale, personne ne saurait contester ni les rapports étroits qu'elle a presque toujours eus avec les religions, ni la direction qu'elle en a reçue. Les mœurs florentines sont celles d'un peuple essentiellement catholique par ses pratiques religieuses et, si l'on ose dire, par ses croyances superficielles, comme par ses intérêts de guelfes qui trouvent leur compte de trafiquants, de changeurs, de banquiers, à marcher d'accord avec le Saint-Siège. Mais il est libre, ce peuple, en sa foi et en sa conduite, à un degré bien propre à surprendre ceux qui font du moyen âge une ère de piété extatique et béate. Au XIIIe siècle, l'hérésie des Patarins, partout persécutée, trouve à Florence un refuge de paix. A-t-elle disparu devant la persécution impitoyable, l'esprit immortel d'émancipation religieuse trouve de nouveaux points d'attache, soit dans le mysticisme de Jean d'Oliva et de Joachim de Flore, soit surtout dans ce vague épicurisme que les chroniqueurs confondent avec l'hérésie, et qui n'est que le masque de l'indifférence ou, pis encore, de l'incrédulité. Nos pratiques marchands ne s'agrègent point à la secte des *Fraticelli* et des flagellants, mais ils lui font bon accueil, comme ils ont fait à celle des Patarins. S'ils ouvrent leurs caisses aux besoins des papes successifs, plus d'un, même à son lit de mort, néglige de se confesser, si bien qu'un règlement de police a dû donner le pas au confesseur sur le médecin : défense est faite de soigner le corps avant d'avoir soigné l'âme.

Dira-t-on que le mourant se sent plus libre? Ce n'est pas l'ordinaire, car les terreurs d'un autre monde assiègent son chevet. Voici, en tout cas, des gens pleins de vie, des juges, par exemple, hommes éclairés : ils blasphèment Dieu, sa mère, toute la Cour du Paradis. Les plaisanteries sceptiques sont à la mode. « Si tu tombais à l'eau, qu'aimerais-tu mieux pour sauver ta vie? avoir à la main l'évangile de Saint-Jean ou autour du corps une ceinture de gourdes? » Et de rire. Un curé, porteur du viatique, doit passer un torrent gonflé; il se met à l'eau, tenant en l'air la sainte hostie au bout de son bâton. Parvenu non sans peine à l'autre bord, il est reçu par les paysans qui lui disent : — Vous êtes bien heureux d'avoir eu Notre Seigneur avec vous; sans lui vous ne vous en seriez pas tiré. — Mes enfants, répond-il, si je ne l'avais aidé mieux qu'il ne m'a aidé lui-même, la Siève nous aurait emportés tous les deux! — Cette réponse devient le bruit du jour. On ne s'aborde plus sans se demander lequel des deux a sauvé l'autre. Nombre d'artisans ne chômaient ni le dimanche, ni même le saint jour de Pâques. Pour les attirer au sermon, en plein carême, il fallait promettre des choses nouvelles et jusqu'à des énormités. Dans les cérémonies sacrées, à l'offrande, plus d'un, qui ne se tenait pas pour un voleur, au lieu de déposer sa pièce de monnaie, en prenait des mains ou de la langue le plus possible pour les convertir en chapons. Avec Dieu, alors, ce sans-façon était de mise, comme aujourd'hui avec l'État.

L'incrédulité, affectée ou réelle, était, pour les gibelins opprimés, un moyen, parmi tant d'autres, de se distinguer des guelfes oppresseurs. Farinata des Uberti pensait, comme Épicure, que le bonheur, — en langage chrétien le paradis, — ne doit être cherché qu'en ce monde. Cavalcante Cavalcanti proclamait que l'âme meurt avec le corps, et l'homme aussi bien que la bête, selon le mot de Salomon. Son fils, le poète philosophe Guido Cavalcanti, grand ami de Dante et « second œil de Florence en ce temps », dit Benvenuto Rambaldi d'Imola, commentateur de l'immortel poète, professait les mêmes doctrines. On le prétendait en quête d'arguments pour prouver qu'il n'y a pas de Dieu.

Voulant mieux s'opposer aux gibelins, les guelfes redoublaient de pratiques religieuses, mais en politiques, sans trop s'attacher aux principes, semblables à ce que sont aujourd'hui encore les Italiens. Ce n'était pas manquer de respect aux églises que d'y convoquer les citoyens pour les affaires publiques et même d'y donner des festins, ceux-ci dégénérassent-ils parfois en orgies, car alors manquaient partout les grandes salles et les vastes édifices civils. La représentation de nos mystères, au pied de l'autel, sous les nefs ou sous le porche, aboutissait aussi au scandale, sans que la foi en fût sensiblement entamée. La plus gouailleuse multitude rendait de pompeux honneurs à ses évêques faisant leur entrée dans la ville; elle allait à la messe, à la table sainte, à la communion fréquente, jeûnait plusieurs jours par semaine, revêtait au besoin, pour ces actes pieux, l'habit monastique, se désolait de l'interdit, n'avait de repos qu'il n'eût pris fin. Dans tous les métiers, la plupart marmottaient dévotement et ouvertement leurs oraisons; beaucoup partaient pour quelque pèlerinage. Il y avait toujours une madone à la mode, et ce n'était jamais longtemps la même. Plus d'une fois, on vit des saints peu authentiques éclipser la reine du ciel.

La religion tournait vite en superstition, et la superstition devenait aisément ridicule. On évitait de se vêtir de vert, parce que le vert était la couleur des musulmans. On croyait à la nécromancie, aux remèdes des juifs exécrés. Au moindre bruit, on exorcisait par l'eau bénite et les psaumes l'ennemi cornu. La femme allumait des cierges à sa Madone domestique pour retrouver une chatte perdue. L'homme croyait les cochons protégés par saint Antoine, ne les en tuait, ne les en savourait pas moins, mais en accompagnant ces deux cérémonies de force signes de croix. Qu'un meurtrier mangeât une soupe sur le cadavre de sa victime, il ne pouvait être atteint par les vengeances humaines. Les fidèles se prosternaient devant le lait de la sainte Vierge, qu'on leur montrait bien conservé. Ils honoraient toutes les reliques, celles mêmes qu'ils avaient constaté être en bois. Cette crédulité n'est point rare, elle est de tous les temps, elle est une des formes que revêt l'esprit religieux.

Maison de Dante.

Ce n'est donc pas la superstition que combattait le clergé. Il réservait ses anathèmes aux libres esprits, piliers de tavernes et de mauvais lieux, comme il les appelait : sévérité d'autant plus singulière que les sceptiques n'étaient pas rares dans ses rangs. Nous venons de voir le curé qui sauvait Jésus-Christ au passage de la Siève grossie : il n'était pas une exception, même pour le franc parler. Tel autre néglige de réparer la toiture de son église, et des zélés lui reprochent d'en éloigner ainsi ses ouailles. « Dieu, répond-il, a dit que le monde se fasse, et il a été fait. Eh bien, qu'il dise : Que l'église soit couverte, et elle le sera. » Sa paresse impudente n'a d'égale que l'irrévérence d'un troisième, qui porte le viatique à un mourant et s'arrête en chemin pour chercher pouille et donner la chasse à un polisson qui lui volait ses figues. Vendre des indulgences, empiéter autant que possible sur le pouvoir civil, discréditer la religion par le débraillé ou le dévergondage des mœurs, voilà ce que reprochent aux clercs Boccace, Sacchetti et tant d'autres conteurs dignes de créance, car ils sont loin d'être des « épicuriens », c'est-à-dire des impies.

Dans leurs récits, les clercs pauvres fouillent marchés et foires pour y trouver leur pitance; ils y apportent des marchandises, ils y en achètent pour les aller revendre plus loin; ils reçoivent des chiens en pension, et, s'ils les soignent mal, sont châtiés comme des valets. Les clercs riches s'attablent avec ou sans l'évêque, en compagnie de laïques, à d'opulents festins. Les moines n'ont plus du *frate* que la cape, et encore une cape fine, élégante; ils ne rappellent guère les anciens cénobites à la robe de bure noire, au capuchon serré autour du visage, à la tête rasée, aux pieds nus dans des sandales. On nous les représente frisés et parés, efféminés dans leurs manières comme dans leurs vêtements, gras, fleuris, souvent goutteux, gourmands, buveurs, immoraux dans leurs actes comme licencieux dans leurs propos, composant des sonnets, quoique ignorants et sots, arrogants comme le coq. Leur cellule est pleine de fioles, de flacons, d'élixirs, de pommades, d'eaux de senteur, d'huiles parfumées, de bouteilles de malvoisie et autres vins fins : on dirait une boutique d'apothicaire. Ils donnent aux pauvres uniquement ce qu'ils devraient jeter aux porcs. Tel citoyen qui fait aux moines des aumônes, s'il connaissait mieux ces frocards jetterait plutôt aux porcs son argent. Le porc, on le voit, revient fréquemment sous la plume des *novellieri*. Qui croirait le tableau chargé n'aurait pas lu nos vieux fabliaux. Ce n'est point par une simple plaisanterie que Boccace voyait dans les mauvaises mœurs du clergé une preuve que le Saint-Esprit plane sur la religion.

Nous voudrions pouvoir, comme nous l'avons fait pour la vie des arts et des clercs, déterminer la condition de ces classes infimes qui ne comptaient pour quelque chose, dans la cité, qu'aux jours où grondait l'émeute, dont elles étaient l'invariable armée. Mais les documents et les auteurs passent sous silence cette poussière humaine vouée au mépris. Beaucoup de misérables vivaient de vol. Pourchassés dans la ville, ils faisaient des campagnes environnantes le principal théâtre de leurs exploits; ils y continuaient sur une moins vaste et par conséquent moins noble échelle ceux des hobereaux de l'ancien temps. Leur exemple étant contagieux, on voyait de riches paysans s'associer à des gentilshommes pour voler le porc du voisin. Le volé, quoiqu'il sût bien à qui s'en prendre, ne s'en prenait prudemment qu'aux voleurs de sa condition. La peine édictée était la mort, mais il se tenait pour content d'une indemnité, souvent avancée en secret par le gentilhomme instigateur ou complice, par le « capitaine du délit », comme on disait. Le respect des droits individuels fut toujours, à Florence, la quadrature du cercle, la pierre philosophale.

Quant aux pauvres honnêtes, la charité publique ou privée ne les oubliait point. Elle en accroissait même le nombre, en ouvrant les portes de la ville aux mendiants des villes voisines. Elle y dépensait, en 1329 et 1330, années de disette, soixante mille florins. L'association était encore un remède en usage : les artisans formaient des sociétés de secours mutuels, fondaient des hospices pour eux et leurs compagnons. Le XIVe siècle, à Florence, ne vit pas s'ouvrir moins de vingt hôpitaux. Et cependant les rues restaient pleines de besogneux, de mendiants. Parmi eux, les aveugles vrais ou faux constituaient comme une classe à part et très importante. Ils cheminaient l'écuelle et le bâton à la main, conduits par leur chien en laisse. Métier lucratif : en deux ans, ils y pouvaient gagner mille livres. Un aveugle de quarante-sept ans disait que, s'il n'avait dépensé tout l'argent par lui reçu, il vivrait dans l'opulence. On les chassait quelquefois, mais l'indulgence finissait toujours par prévaloir. Donnons une idée du nombre des mendiants par ce fait qu'un original les ayant couchés sur son testament pour six deniers chacun, ils coûtèrent à la succession 430 livres, ce qui donne bien dix-huit mille bouches parasites pour une population qui ne dépassa jamais et qui n'atteignit pas toujours cent mille âmes. Et dans ce chiffre relativement énorme n'étaient pas compris, naturellement, ceux qu'on désigne d'un mot cruel dans sa vérité, les pauvres honteux.

Essayons maintenant de pénétrer dans la famille. C'est suivant le droit romain qu'elle avait été constituée; mais le droit lombard était venu mitiger le despotisme paternel, moins, il est vrai, au profit de la personne humaine que de l'association des personnes d'un même sang. Il était dans le génie florentin de considérer la famille comme une de ces nombreuses associations qui avaient dans l'État leur autonomie. Aussi n'y a-t-il pas de pays où les anciennes familles aient mieux perpétué leur existence, leurs traditions, leurs richesses. On en voit aujourd'hui encore, et en assez grand nombre, qui possèdent les biens de leurs ancêtres, si laborieusement acquis au XIIIe et au XIVe siècle.

Craint et vénéré, le père n'est point un tyran, comme dans la Rome antique. Il est tenu, en toute question grave, d'en référer au conseil de famille. C'est seulement au cours ordinaire de la vie qu'il préside à celle des siens, et il y préside même après sa mort, grâce au respect qu'inspire sa mémoire, grâce surtout au désir très vif de suppléer à la force de cohésion qui disparaît avec lui. Pour former cette unité puissante de la famille et en assurer l'avenir, la fortune patrimoniale demeure en grande partie inaliénable. Seuls, les gains du trafic, de l'industrie, de la banque constituent la fortune personnelle, légalement mobile, librement transmissible, soit aux héritiers directs, soit, faute d'eux, aux collatéraux, à des étrangers, surtout aux hospices ou *luoghi pii* et aux couvents. L'État ne distingue point, d'ailleurs, entre ces diverses sources de la richesse, quand il s'agit de leur assurer sa protection. En vue de la rendre efficace, il admet l'action de la personne lésée contre les alliés et parents ou *consorti* du coupable, jusqu'au quatrième degré. Aux enfants légitimes il donne des tuteurs,

INTÉRIEUR FLORENTIN, d'après le tableau de Domenico Ghirlandajo.

(NAISSANCE DE SAINT JEAN.)

parfois jusqu'au nombre de quatre, qui peut paraître exagéré. Quant aux bâtards, n'ayant aucun droit légal, le plus sûr est pour eux d'arracher entre vifs au faible paternel quelque lopin de l'héritage : dans un testament, ils ne viennent qu'après les neveux. Le testateur, d'ordinaire, les recommande à ses héritiers, ce qui dût être plus d'une fois un bon billet à La Châtre. L'intérêt rendait durs à la desserre les détenteurs de la fortune. Leur dignité avait peu de scrupules : ils ne craignaient pas de déshonorer la mère en la nommant. Aux archives de Florence abondent les actes qui attestent ainsi les mœurs trop libres et peu délicates des Florentins.

Les femmes n'étaient guère mieux traitées que les bâtards. Elles encouraient la peine du dédain qui poursuivait leur sexe. Dans les successions, elles viennent après tout le monde et ne sont assurées que de recevoir des aliments : il ne faut pas que le patrimoine, tombant en quenouille, émigre hors de la famille et de la commune. La femme est une mineure ; elle ne peut agir en justice que par curateur ou procureur. Elle ne peut entrer sans dot ni en ménage ni en religion. La dot, il est vrai, n'est pas ruineuse : dix-huit cents livres, au commencement du XIVe siècle, passaient pour un chiffre extraordinaire. Prodigue de promesses dans les pourparlers matrimoniaux, le père était souvent chiche dans l'acte officiel : pour donner moins, il mariait volontiers ses filles à la campagne. Le mari ne se plaignait qu'après la cérémonie nuptiale. C'est que la loi lui permettait, en observant les formalités légales, d'obtenir un supplément. Il pouvait user de la dot pour ses affaires ; il ne pouvait la dissiper sans être condamné à la rendre, quelquefois au triple. Regimbait-il, on allait devant les tribunaux.

Ainsi déprimées, les femmes prenaient au logis leur revanche. Elles s'y emparaient de l'autorité si chère à leur sexe. Elles faisaient passer à leurs maris de bien mauvais quarts d'heure. Plus d'une, au reste, était digne de commander : on en vit dont le veuvage fut le salut de la maison. Mais trop souvent « le plus noble animal de la création après l'homme » était réputé manquer de sens et d'instruction, ne pas savoir, six fois sur sept, ce qu'il voulait. Si l'on en croit les auteurs, la tenue et la décence lui faisaient défaut. En l'absence de son mari, la femme partageait le lit de sa servante, par peur de la solitude ou pour protéger sa vertu. L'été, elle s'habillait à fenêtres ouvertes, ce qui, dans des rues si étroites, permettait aux voisins d'en face de ne perdre aucun détail de sa toilette. Hâtons-nous d'ajouter que le moyen âge et le siècle de la Renaissance n'eurent jamais nos idées sur la pudeur. Selon Boccace, la réserve dans les mots, l'esprit dans les périphrases sauvaient tout. On s'en aperçoit de reste en lisant *le Décameron*.

La vertu féminine semblait alors inséparable de l'ineptie. Elle consistait à rester muette et immobile devant les hommes : la vivacité, le bavardage ne pouvaient que conduire sur un terrain glissant. La matrone se rattrapait avec sa servante, sa boulangère, sa blanchisseuse, caquetant à plein gosier sur le seuil de sa porte. Elle gaspillait l'argent et se maquillait, suivie dans ce travers par les jeunes filles qui avaient le moins besoin de recourir aux artifices de la coquetterie. La mode étant, à un moment donné, d'être blonde, dans ce pays des brunes on ne voyait plus une brune. La laideur n'était plus ni un chagrin ni un épouvantail : quelques coups de pinceau devant le miroir y remédiaient. La tromperie était partout : maigres et sèches, les Florentines se faisaient grasses et dodues. Petites, elles se faisaient grandes : d'épaisses semelles, des talons élevés, et l'avorton disparaissait, comme avec son fard le laideron. « Elles ne laissaient, écrit Sacchetti, ni leur visage ni aucun de leurs membres tel que Dieu l'avait créé. » Le grave Dante représente la femme de Bellincione Berti comme une exception, parce qu'elle ne se fardait point.

Éluder les lois somptuaires était un art où les femmes

excellaient comme au temps de Caton. Un prieur disait : « Nous avons à lutter contre des murailles. » Et un autre, découragé : » Nous ferions mieux de porter notre attention sur des sujets de plus d'importance. » Le temps est passé des rustiques jupes de poil de chèvre serrées au corps par une ceinture de cuir et une boule en os, d'un manteau fourré qui recouvrait jusqu'à la chevelure, et ne protégeait la beauté contre les intempéries de l'air qu'en la dérobant presque aux regards. Tout ce qui se voyait devait briller aux yeux. A défaut de couronnes d'or et de perles, on portait des couronnes de verre, des ornements en papier peint. Diverses ordonnances furent rendues pour réprimer l'abus du faux comme l'abus du vrai, et pour limiter à une brasse l'insolente longueur de la traîne. Mais on ne pouvait tout prévoir. Les officiers inquisiteurs se lassaient plus vite d'imposer l'observation des statuts que les femmes de l'éluder. Ils s'en consolaient en faisant du luxe un objet d'impôt. Cela n'empêcha point les filles d'Ève, jusqu'en plein XVIIIe siècle, à ce que nous apprend le poète Lodovico Adimari, « de porter leurs maisons sur leurs habits, comme font les escargots ». C'était la ruine pour les maris, et non pas seulement à Florence, dans toute l'Italie.

Ignorante, oisive, frivole, comment la femme n'eût-elle pas souvent donné prise par ses mœurs ? Dans ce pays où les mois chauds sont plus nombreux que les froids, il n'était pas rare de la voir à peine vêtue, par coquetterie autant que pour éviter la chaleur, et au risque parfois de prendre des catarrhes mortels. Les voyages du mari facilitaient des déportements qui, en cas de mésalliance conclue par amour de la richesse, pouvaient sembler une revanche de l'orgueil volontairement humilié. La meilleure excuse de l'épouse adultère était dans la grossièreté, dans l'immoralité de l'époux. Malgré la culture de son esprit, celui-ci parlait de celle-là, même avant tout écart, sans la moindre délicatesse. Il maudissait le jour de son mariage, et, voulant reconquérir l'hégémonie perdue, il recourait à l'argument démonstratif des coups. Un proverbe disait : « Bonne femme et mauvaise femme veulent du bâton. »

LOGGIA DEL BIGALLO.

A quoi bon fuir, pour être traitée partout en mineure ? Il eût fallu bientôt rentrer sous le joug. Mieux y valait rester, quitte à se venger. Longtemps le brutal nourrissait des illusions sur la vertu de sa compagne malmenée. Une fois ses yeux dessillés, il s'armait de philosophie et ne rompait point sa chaîne. Au châtiment suffisait l'éternel bâton.

Aussi semblait-il naturel que la veuve usât de sa liberté, s'affranchît de toute retenue, glissât sur la pente jusqu'au fond de l'abîme. De sévères règlements cantonnaient les femmes émancipées dans certaines rues, comme les juifs dans leur ghetto. Des peines pécuniaires, le fouet, le fer rouge au visage ou au flanc, réprimaient les premières incartades ; pour la récidive, l'expulsion de la ville, un exil qui, au surplus, n'était jamais bien long. Il était remplacé par un sermon annuel qui réunissait autour de la chaire d'un *frate* les bannies rappelées, et ce *frate* tonnait contre elles de toutes les foudres de son éloquence. Si durs pour leurs femmes légitimes, les Florentins ne l'étaient guère pour celles qui ne devaient rien à personne. L'unanimité est extrêmement rare dans leurs délibérations ; n'est-il pas singulier qu'un des cas où elle se rencontre, ce soit pour remettre en liberté les femmes détenues, sauf celles qui le sont pour dettes ? Ces dernières, sans doute, on les considérait comme des marchands, pour qui ne point payer ses dettes est une faute plus grave que d'offenser les mœurs.

Sous ce beau ciel, la vie s'écoulait dans les rues et sur les places publiques plus que dans les maisons. Les *loggie*, le *mercato vecchio*, le *mercato nuovo* étaient des lieux favoris de réunion. Tous y venaient, le jour pour les affaires, le soir pour deviser et prendre le frais. Chaque palais, chaque maison importante avait sa *loggia*, où, à l'abri du soleil et de la pluie, mais en pleine lumière, s'accomplissaient les principaux actes de la vie domestique. Aux demeures sans *loggia* la rue servait comme de pièce extérieure. C'est là qu'on jouait aux échecs, aux dames, à la balle, à la toupie. Balle et toupie bouleversaient les pièces sur l'échiquier ou heurtaient aux jambes les passants. Dans leurs plaisirs les enfants, dans leurs jeux de hasard les hommes faits gênaient la circulation. Vainement les offices avaient-ils interdit tout jeu ne laissant point sa part au calcul, à l'intelligence. Leurs sages prescriptions étaient mé-

LOGGIA DES LANZI OU LANSQUENETS.

connues, et la tricherie, trop peu rare, faisait vomir l'injure, verser le sang.

Il ne faudrait pas juger des maisons par les hautes et sombres forteresses dont quelques-unes nous ont été conservées, propres encore, semble-t-il, à soutenir un siège. Elles étaient pour la plupart, même celles des *popolani* aisés, petites et basses, recouvertes de paille ou de bois, ne comptant guère que trois chambres au rez-de-chaussée, et souvent sans étage supérieur. De cheminée, il n'y en avait que dans une seule pièce, mais immense. Là se préparait le frugal repas, là se réunissait la famille aux longues soirées d'hiver. Pour tout mobilier, une table grossière, quelques escabeaux, une grande armoire que l'épousée apportait le jour de ses noces. Par les fenêtres closes de toile huilée et protégées d'un toit en saillie, pénétrait peu de lumière. Voulait-on se garantir de l'air extérieur ou du soleil, l'unique moyen était de fermer les gros volets pleins avec la porte et de se condamner à l'obscurité. La porte, facile à ouvrir par la pesée du moindre couteau, donnait sur la rue étroite et tortueuse dont les dalles irrégulières étaient couvertes d'une poussière ténue dans les beaux jours, d'une boue épaisse dans la mauvaise saison. Au soleil était laissé le soin de sécher la boue, à la pluie d'enlever la poussière. Comme, pour voir clair et respirer, force était de vivre à porte ouverte, le moindre vent poussait à l'intérieur les détritus pulvérisés de la rue, la moindre averse les flots du ruisseau grossi. Pris de peur ou de caprice, les cochons du voisinage entraient comme chez eux, et, pour les chasser, c'était quelquefois une bataille. Qu'on juge de la propreté qui régnait dans ces taudis ! A peine peut-on tenir pour vrais les détails des conteurs : sous le lit se jetaient les immondices, les pelures de fruits, les débris d'oie, les trognons de légumes, les peaux de bêtes écorchées. Quand un voleur ou autre intrus, au cours de ses aventures troublées et parfois tragiques, avait à se cacher sous le lit, il en sortait couvert de paille, de toiles d'araignées, de mille ordures. La maisonnée croupissait toute la semaine dans cette infection sordide, jusqu'aux grands nettoyages du samedi. On s'y plaisait, ne fût-ce que par habitude.

Dans les chambres d'habitation comme dans les boutiques, comme au coin des rues, quelque image de dévotion rappelait les dieux lares des Romains. Qui était trop à l'étroit tâchait d'acheter la maison contiguë, pour ne pas rompre, en s'installant ailleurs, le faisceau qui faisait la force de la famille, on dirait presque de la *gens*, de la tribu. D'où cette expression si fréquente chez nos chroniqueurs florentins : « les maisons » des Cerchi, des Donati, des Uberti, des Anchioni et de tant d'autres familles d'un nom plus obscur. De petits jardins en ville, il n'y en avait que pour les petites gens, aux quartiers mal peuplés, près des portes. Les riches possédaient tous, avec quelques terres, une maison aux champs, moins confortable encore, il est vrai, que leur maison de ville. Même dans les plus modestes conditions, le goût d'un semblant de campagne hors des murs était si répandu que, faute d'une masure, on louait un lit chez de pauvres paysans, dans l'unique chambre où grouillait toute leur nichée, sans autre riante perspective, souvent, qu'un affreux tas de fumier devant la porte.

Lucullus au dehors, Catons au dedans, comme dit leur Borghini, les Florentins mesuraient strictement à la servante la quantité de légumes nécessaire ; mais ils se ruinaient en culinaires somptuosités, pour peu que leur patrie ou leur maison en dût retirer quelque honneur. En famille, on se contentait de deux maigres repas, de deux repas maigres, sans viande, sauf le dimanche. Tous mangeaient dans la même assiette, ou du moins buvaient au même verre, à la lueur d'une torche de résine. Sous ce climat, à peine était-il besoin d'une nourriture substantielle : du pain, des herbes, et, pour régal, des confitures, des fruits. En fait de viande, le porc obtenait faveur. Qui tuait le sien en offrait des boudins au voisinage, et le voisin négligé ne négligeait pas de réclamer sa part. La longue pénitence du carême se faisait avec des choux et du thon salé ; mais les raffinés trouvaient bien au marché esturgeons et lamproies. Le temps d'abstinence passé, chacun reprenait ses habitudes. Les personnes riches s'accordaient, pour leur repas du matin, une tranche de viande salée étendue sur du pain et grillée au feu. L'on voyait sans surprise les membres de la Seigneurie à la cuisine du palais communal, préparant la grillade de leurs propres mains.

Cette sobriété est un mérite. Florence avait su se retenir sur une pente déjà glissante au temps de la grande comtesse Mathilde, où le célèbre Pierre Damien s'indignait des somptuosités de la table en Toscane. Si les prédicateurs, plus tard, trouvèrent à tonner contre trop d'abondance et de délicatesse, c'est qu'ils pensaient aux repas de cérémonie, c'est-à-dire à l'exception, à une exception sagement voulue. Encore la prodigalité qu'ils flétrissent nous paraîtrait souvent lésine. Pour se permettre un vrai luxe de table, il fallait obtenir des prieurs l'autorisation de violer les lois somptuaires. Ce luxe nous plairait peu. Nous aimons les aliments légers, on les aimait lourds. La musique passait pour en faciliter la digestion. Ces Florentins dont les descendants sont aujourd'hui si sobres, buvaient beaucoup, puisque les marchands de vin formaient un art. Le vin produisait ses effets ordinaires : il poussait aux querelles de ménage et aux aventures hors du ménage. Les aventures avaient leur théorie : chanter sous des fenêtres ou les escalader, décrocher ou enfoncer les portes, caracoler dans les fêtes, recourir aux incantations, tels étaient les moyens classiques de se signaler et de plaire.

Cette vivante population se distinguait par la gaieté et aussi par l'esprit, qui dès lors courait les rues, parfois un peu gros et même gras, parfois preste, vif, mordant et même fin. Mais, il faut le reconnaître, l'éducation corrigeant peu ce que le tempérament méridional a d'excessif, les facéties énormes n'étaient point rares. Beaucoup prenaient plaisir à se déguiser en diables, à jouer les fantômes dans les cimetières. Tout spectacle était une fête, et le moindre incident devenait un spectacle. Les fêtes carillonnées de l'Église se transformaient aisément en fêtes nationales, — si l'on ose employer cette épithète, véritable anachronisme de mot, — surtout celle de la Saint-Jean, car saint Jean était le patron de la ville. Jusque dans les honneurs rendus aux morts, les vivants trouvaient des distractions souvent renouvelées et presque un divertissement. Le luxe s'y était introduit à ce point que la loi avait dû le restreindre. Mais les mœurs étaient plus fortes que la loi et la police. Après avoir beaucoup pleuré, crié et regardé, le cortège revenait à la maison mortuaire pour s'y régaler de deux plats de viande. C'était un régal, en effet, la viande n'étant pas, nous l'avons vu, d'un usage courant. Des amis, des parents du défunt auraient pu mieux choisir l'occasion.

On serait loin de compte, si l'on se figurait que ce peuple si original, et alors si supérieur aux autres, fût un peuple de héros ou simplement de citoyens. Héroïque, le plus brave ne l'est que tel jour, à son heure. Citoyen, le plus jaloux de sa liberté cesse de l'être, quand il a permis, si peu que ce soit, que ses pairs ou l'étranger lui mettent la tête sous le joug. Tel fut l'effet néfaste du règne de l'oligarchie, sous les Albizzi, puis du principat déguisé, sous les premiers Médicis. Les caractères sont abaissés, la dignité fait défaut, l'énergie est émoussée, le courage manque, même quand il est un devoir. Les fonctionnaires, ceux du rang le plus élevé comme du plus infime, fuient à l'envi devant la peste. Cosme des Médicis, qui est devenu le premier des Florentins et leur chef moral, se gare du fléau dans la pure atmosphère des montagnes, au Mugello. Bien plus, il érige cyniquement en théorie sa lâche pratique : « Il faut, dit-il, laisser derrière soi toute affaire et s'ingénier à sauver sa peau. » Un de ses familiers donne comme mesure de l'intensité du fléau la distance que ce grand personnage met entre lui et la ville. Une femme, plus excusable sans doute, mais ordinairement plus courageuse, Alessandra Strozzi, agit et parle de même : « Il ne faut pas regarder à la dépense ; il faut s'enfuir au premier bruit de la peste : nous morts, mort est le monde. » Chacun prend ces prudentes précautions contre les simples maladies d'été qu'on grossit du nom de peste. L'excuse, c'est que la terrible peste noire de 1348 avait laissé d'ineffaçables souvenirs ; mais la fuite, dans les cas graves, était bien inutile : le mal sans remède montait en croupe et galopait avec les fuyards.

En ce xve siècle si déplaisant, malgré ses mérites, tous les ressorts se relâchent. Le vol est devenu si fréquent qu'il ne peut plus être puni de mort. La peine se limite à une amende, et l'Église intervient pour que la somme à verser au fisc soit réduite, si le voleur, si le meurtrier s'est confessé. Les lettrés sont aussi voleurs que les illettrés : on s'étonne de trouver hors des prisons les gens qui ont une belle écriture. Les manuscrits sont de bonne prise, car les érudits ne manquent point pour les payer fort cher. Le mariage perd du terrain, un peu par la faute des jeunes filles, qui se mettent trop souvent aux fenêtres. Celles qui n'y sont pas toujours, toute mère les convoite pour brus. La femme, être inférieur selon l'Église, vaine, frivole, « mobile comme la feuille », fait pourtant la loi dans le ménage ; c'est que le mari, qui y apporte le désordre, n'est plus capable ou digne d'y commander. Quand les enfants illégitimes y vivent mêlés aux légitimes, qui a le plus de griefs ou d'effronterie devient maître, la matrone ou la servante. De là un relâchement marqué dans les affections de famille, et, en général, dans toutes les affections. Aux correspondances privées, il n'est parlé qu'incidemment, en termes brefs et secs, des êtres qui sont partout les plus chers. On voit les riches économiser sur le médecin, et nullement par défiance de la médecine. C'est pour l'instruction seule qu'ils dépensent sans compter, signe des temps de Renaissance. Ces marchands ont-ils encore des amis ? Non ; ils se bornent à leurs relations d'intérêt. Gracieux, ils savent toujours l'être en sourires et en paroles : c'est dans les cordes florentines. Quant au reste, « on ne m'aurait pas donné un verre d'eau, écrit un Lombard ; ce n'est pas l'usage ici. »

Tièdes pour leurs amis et leurs proches, les Florentins le

sont plus que jamais pour leur Dieu et pour leurs prêtres. N'ont-ils pas désormais le culte de l'antiquité païenne? Même pour les derniers croyants, le moine, le *frate*, comme ils l'appellent, est « le pire des hommes, l'écume du monde, sotte espèce, gens à bâtonner ». La superstition a-t-elle disparu avec la foi? Nullement. Elle s'unit dans sa grossièreté la plus ridicule aux railleries les plus crues, aux déclarations les plus impies. Le

COUVENT DE SAN MARCO. — Façade et place.

scepticisme gouailleur du XIIIe siècle est devenu, en se propageant, raisonneur. Dieu, dit-on, aurait pu nous faire meilleurs que nous ne sommes. A quoi bon dès lors le prier? Pourquoi aide-t-il les uns et non les autres? Les juifs n'ont pas péché en crucifiant Jésus; c'est Dieu qui les a aveuglés. Le mot décisif sera dit bientôt sur la scène : « ceux qui étudient croient peu ».

Dans tout cela, pas l'ombre de méchanceté, ou, du moins, de suite dans la méchanceté. Des fureurs qui s'allumaient comme des feux de paille s'éteignaient de même. Ces nobliaux, ces marchands, ces artisans passaient du sang versé au vin bu en commun, bâtissaient des hospices pour leurs victimes comme pour leurs amis et restaient gais au milieu des tragédies, trouvaient des loisirs pour les études libérales. Ils seraient de tout point admirables, si la décadence de leurs mœurs n'avait dès lors frappé tous les yeux, même ceux des chefs de l'oligarchie, qui en avaient profité. Ce n'est pas ce que l'histoire a coutume d'en dire : les flatteries courtisanesques, qui ont tout embelli autour des Médicis de leur vivant, n'ont point pris fin à leur mort : la postérité s'en est longtemps rendue complice. Mieux éclairée aujourd'hui, elle revise des jugements qui n'étaient que des complaisances.

Savonarole les avait par avance revisés. Ce dominicain « étranger », transplanté par hasard à Florence, y fulminait contre les mœurs, les y voulait réformer par la foi, en commençant par le clergé, pour continuer par les fidèles. Il s'y était fait le représentant de ces intérêts moraux et religieux dont les Médicis n'avaient cure. Il voyait sans boussole ces petites gens pour qui restait close la philosophie platonicienne, religion désormais de l'élite. Il les voyait ébranlés dans leurs espérances d'outre-tombe, formant comme un troupeau sans pasteur et avide d'en trouver un. Il voulut être ce pasteur, plus jaloux de frapper fort que d'insinuer avec finesse. Maître de Florence, ce qu'il fait dénoncer du haut de la chaire par ses compagnons, les frères-prêcheurs du couvent de San Marco, ce qu'il dénonce lui-même, c'est moins encore l'oppression et la simonie que l'usure et les vices honteux dont donnaient l'exemple Alexandre VI et ces Médicis « qui avaient mis le beau lis dans la fange ». — « Votre vie, disait expressément l'austère dominicain, se passe toute au lit, sur les promenades, dans les commérages, les orgies et la débauche. Votre vie est une vie de porcs ».

Il exhorte donc à lapider, à brûler les coupables. Peut-être eût-il mieux réussi dans sa vertueuse croisade, s'il ne l'eût compromise par ses exagérations, en poursuivant, en jetant dans les flammes cartes, dés, livres antiques, sous prétexte de pages licencieuses, chefs-d'œuvre de l'art sous prétexte de nudités, en s'attaquant, pour attaquer le mal à sa source, aux merveilles de la Renaissance, en remontant jusqu'à saint Louis pour percer la langue aux blasphémateurs, mettre les joueurs à la torture, envoyer les courtisanes à la Seigneurie au son des trompettes, veiller à la parure des femmes honnêtes, fermer les tavernes à six heures, supprimer les danses et « ces fêtes continuelles dont les excès convenaient à la tyrannie, non à une cité libre ». Ce peuple d'esprit ouvert goûtait peu qu'il se montrât d'une rigueur extrême pour l'observance des fêtes religieuses, au point de vouloir que toutes les boutiques restassent fermées, « sauf une ou deux boutiques d'apothicaires pour les médecines ». On l'entendait parler de liberté et il aboutissait à la pire tyrannie, celle des moines, des femmes et des enfants. On lui reprochait de dissoudre la famille en poussant les mères de famille à déserter leur devoir pour se claquemurer dans des couvents.

Son étonnant prestige ne put donc être qu'éphémère. Cette grande crise est une des plus curieuses, la plus curieuse peut-être qu'ait subie Florence ; mais Savonarole finit par tout laisser en pire état que précédemment. C'est ce qu'indique bien un jeu de mots du Vénitien Marin Sanuto : « Florence est *in extremis,* dit-il, puisque après avoir été aux mains des Medici (Médicis ou médecins), elle est aux mains des moines ». Elle n'en devait sortir que pour se débattre contre les ambitieux de clocher soutenus par les puissants du monde, et c'est dans cette lutte suprême qu'elle retrouva pour un moment, sinon ses vertus privées, dont il ne peut plus être question au bruit de la tempête, du moins ses vertus publiques, qui redeviennent son honneur dans l'histoire.

CHAPITRE V

LES BELLES-LETTRES.

Éducation des Florentins par l'antiquité. — Formation de la langue vulgaire. — Les premiers poètes, imitateurs des Provençaux et des Siciliens. — Dante. Ses *canzone*. — Sa *Divine Comédie*. — Popularité de ce poème. — Progrès dû à Dante. — Ses ouvrages en prose. — Pétrarque et le sonnet. — Boccace et la prose. — Pétrarque et Boccace promoteurs de l'érudition. — Le *Studio* florentin. — Le latin et Pétrarque. — Le grec et Boccace. — Chrysoloras à Florence. — Esprit païen de la Renaissance. — Cosme des Médicis protecteur de la littérature érudite. — L'Académie platonicienne. — Marsilio Ficino. — Lorenzo des Médicis protecteur des lettres et lettré, promoteur de la langue vulgaire. — Ses poésies. — Luigi Pulci et son *Morgante maggiore*. — Triomphe de l'idiome florentin.

C'est à tort qu'on fait naître dans Florence, parce qu'elle jetait plus d'éclat qu'aucune autre ville italienne, la langue, la littérature, les beaux-arts, impérissable gloire de l'Italie. Jamais, dans la péninsule, il n'y avait eu, en cet ordre de choses, solution de continuité. Jamais les écoles n'avaient fermé leurs portes, ni manqué d'écoliers. Or, sur cette terre heureuse que Rome antique avait faite à son image, on n'étudie pas longtemps sans rencontrer les anciens, ces grands éducateurs. Florence n'y fut pas la première à les rencontrer ou à les remarquer. Pour cette forme de la civilisation, comme pour les autres, elle était en retard. Elle eut sa période de tâtonnements, avant de tenir dans la culture profane le rôle que Rome tenait dans la religion et Paris dans la scolastique.

Sur un point pourtant elle prit l'initiative : elle fut la première à délaisser le latin des chroniqueurs pour l'idiome vulgaire des boutiques, de bonne heure fixé dans les correspondances fréquentes qu'exigeait le trafic. Cet idiome se formait lentement depuis le IXe siècle. A la fin du XIIe, le divorce avec le latin était manifeste, sans empêcher encore d'hybrides relations. Bien plus, on voit bon nombre d'hommes parler alternativement la langue latine et la langue vulgaire, ce qui est ailleurs d'une extrême rareté.

Cette langue vulgaire des Florentins est, en Italie, la première définitivement fixée, parce qu'ils s'en servaient pour écrire autant que pour parler, tandis que dans les autres villes on parlait sans l'écrire le jargon que rendait nécessaire l'ignorance croissante du latin. De là une grammaire propre, différente de l'antique, ce qui est une nouveauté. Ce ne fut pas l'œuvre d'un jour, et plus lente encore en fut la propagation, parce que les villes voisines et ennemies tenaient aux formes, même informes, de leur patois local; parce que les doctes s'obstinaient au latin; parce que les gibelins haïssaient tout ce qui tenait au populaire. Mais personne ne soutiendrait plus, comme on l'a fait longtemps, que Dante fut le créateur de cette langue nouvelle : on en a des documents bien antérieurs, notamment des cahiers de comptes et de dépenses. Là donc comme partout, quoique l'opinion contraire soit généralement admise, la prose précéda la poésie. Contradiction, au surplus, de pure apparence, car il ne s'agit ici que de la prose non littéraire. Dans l'ordre littéraire, la règle ne souffre point d'exception : c'est la poésie en langue vulgaire, et non la prose, qui prend le pas.

Bien avant, du reste, que Florence eût fait éclore la moindre fleur de poésie, la trilingue Palerme, à la cour polie de Frédéric II, produisait les premières compositions poétiques en langue italienne qui aient obtenu la renommée. Issues du génie provençal, connues des Florentins grâce à leurs relations commerciales, elles furent goûtées d'eux. Leur esprit naturellement subtil se plut à des subtilités voulues. Dans cette cité bien douée, où l'esprit et les sens étaient en harmonieux équilibre, ce goût s'étendit sans peine de la classe aristocratique aux plus petits marchands. Targioni-Tozzetti a vu des manuscrits où des bouchers et même des boulangers consignaient leurs réflexions. On a publié récemment les *ricordi* d'un épicier, notes prises au jour le jour, très curieuses en soi et très précieuses pour l'histoire. De là, une supériorité marquée qui devint bientôt la gloire d'un ramassis de boutiques basses et obscures. Brunetto Latini, maître probable de Dante, fut certainement en rhétorique celui des Florentins. C'est à peine si, avant lui, on pourrait citer quelque faible « diseur de rimes ». Son *Tesoretto* fit lever tout un essaim de poètes. Par leur nombre comme par leur qualité, Florence, dès le XIIIe siècle, marche au premier rang. On n'eût guère plus trouvé un de ses citoyens ayant reçu quelque éducation qui ne sût, quoique manquant d'art et de méthode pour manier la prose, écrire en vers, composer une *canzone*, tourner un sonnet. Les deux qu'on admirait le plus étaient Guido Cavalcanti, le matérialiste, qui ennoblit la langue vulgaire, et Cino de Pistoia, le jurisconsulte, qui adoucit la rudesse de l'ancienne langue. Cino n'est pas un chef d'école ; il est un précurseur, le précurseur non de Dante, mais de Pétrarque et des pétrarquistes.

Dante Alighieri est le disciple de tous les deux, loin d'être, comme on l'a trop dit, « un astre solitaire dans la nuit sombre, une plante superbe dans le désert ». Seulement il les a fait oublier. En évitant la grossièreté du langage, en inventant des formes originales, de nouveaux rythmes, et aussi de nouvelles pensées, il relève le genre déjà dédaigné de la *canzone*, il chante l'amour comme Cino en des vers élevés, dans la manière de Cavalcanti. Cette sorte de poésie sera plus tard la gloire de Pétrarque ; il l'y égale, il l'y surpasse même quelquefois.

La plus pure de ses nombreuses passions, celle que lui inspirait une enfant de neuf ans, lui suggéra le monument de sa vie, éternel honneur des lettres. Son grand mérite n'est pas d'y avoir été créateur, il est d'avoir connu tout ce qui était

Dante et ses cercles.

alors de mode et de s'en être servi avec une habileté supérieure. On démêlerait sans trop de peine tous les éléments dont se compose son chef-d'œuvre. Le fond en est encyclopédique et la forme allégorique, selon le goût de son temps ; le cadre, un voyage aux enfers, au purgatoire, au paradis, parce que ce moule des vieux âges était plus en faveur que jamais. Le poète avait sous la main nos nombreux conteurs français et le *Tesoretto* de Brunetto Latini, si versé dans les lettres françaises. Ce qu'il n'avait pas lu il le connaissait par ouï dire, et partout où il trouvait son bien, il le prenait. Ainsi, il emprunte son rythme aux cantilènes des Provençaux, sa langue aux patois italiens, ses ornements aux faits contemporains ou passés.

Ses regards profonds se fixent principalement sur ce qui vit autour de lui. Florence, alors même qu'il en est exilé, reste pour son cœur et son esprit l'ombilic du monde. Ce sont des compatriotes qu'il rencontre le plus au triple voyage entrepris par sa puissante imagination. Sa haine n'est que l'enveloppe transparente de sa tendresse. Cette hôtellerie de salut, sœur de Rome moderne, fille de Rome antique, il la voudrait ramener à l'âge d'or de la vertu. Si l'imprécation domine aux tercets vengeurs, c'est que le poème ne parvint que durant les jours amers où il montait l'escalier d'autrui à sa forme définitive. Au demeurant, une bonne et détaillée histoire de sa patrie serait peut-être le meilleur commentaire de sa *Comédie*, ainsi qu'il l'appelle parce qu'elle commence et finit bien. Mais c'est en réalité l'épopée du moyen âge dont le poète reproduit avec autant de naïveté poétique que de science théologique et scolastique les idées, les croyances, les passions et les actes. Dans le cadre traditionnel et commode de la vision trois mondes se meuvent, représentés d'un pinceau tour à tour sombre et terrible, gracieux et brillant. Semblable à tous les primitifs, Dante ne dit rien qu'il ne pense, et il est comme eux un homme complet.

Son obscurité vient et de ce que nous ignorons les détails de l'histoire qui lui sont familiers, et tout ensemble de cette forme symbolique qui tient par les images à la poésie, par l'association des idées à la philosophie. Son sujet, c'est, au sens littéral, l'état des âmes après la mort ; au sens allégorique, l'homme méritant ou déméritant par le libre arbitre. De là tant d'interprétations diverses. Si cet appareil pédantesque nous choque, les contemporains en étaient charmés : l'intérêt, qui est pour nous dans les impressions que le poète éprouve, était pour eux dans les choses qu'il disait avoir vues, surtout dans ces supplices d'une invention si forte et si variée dont il les menaçait. Leur crédulité en vint à tenir pour réelles ces pérégrinations à travers les cercles infernaux, puis célestes, dont le point de départ était un simple lieu commun de la poésie chrétienne. En dépit des autorités ecclésiastiques qui envoyaient Dante vivant au tribunal de l'inquisiteur et, après sa mort, ne laissaient pas la paix à ses os, la ville qui l'a banni frappe des médailles en son honneur, multiplie ses portraits et ses statues, explique et commente son poème dans des chaires publiques qu'elle élève au pied des autels. Chaque page fournit au « lecteur » préceptes et exemples, comme plus tard la Bible aux puritains et autres réformés. Les commentateurs font du poète un prophète. La peinture représente ses plus émouvantes scènes. Orcagna, Michel-Ange, Raphaël s'inspirent de lui. La multitude vulgarise ses plus beaux vers : elle les chante en les estropiant. Descendre jusqu'en bas de l'échelle tout en planant sur les hauteurs, c'est la gloire dans tout son éclat. Aucun autre poème n'a eu pareille destinée. Et pour le consacrer à jamais, le proscrit mort, sa *Comédie* devient *divine ;* l'épithète, à laquelle il ne pensait guère, restera désormais inséparable du substantif.

Engagé dans les luttes civiles, défenseur de l'empire contre la papauté, Dante échoue à donner aux Italiens cette unité politique qui fut toujours son rêve ; mais il réussit à leur donner l'unité dans l'ordre de la pensée. Il corrige, enrichit, fixe, consacre la langue, l'étend à toute l'Italie. Sous sa magique plume, les doctrines scolastiques des péripatéticiens et des thomistes se dépouillent de leurs formes barbares, comme la théologie des voiles bizarres dont elle recouvrait les éternels problèmes. Catholique, il épure le sentiment religieux en le délivrant du joug de l'Église : il peuple son enfer de cardinaux et de papes ; il y plonge jusqu'à un pape canonisé, Célestin V. Le vêtement tout neuf dont il enveloppe des idées vieillies fait de lui comme un avant-coureur de la Renaissance. Son art use très librement du peu qu'il connaît de l'antiquité, mais il sait se garder des grossiers anachronismes. Ce n'est pas lui qui donnerait aux païens des institutions chrétiennes et ferait de Calchas un évêque de Troie.

Ses ouvrages en prose ont eu une action décisive : ils ont transformé un dialecte commercial en une langue littéraire et poussé à s'en servir une partie de ceux qui écrivaient encore en latin. Traducteurs, auteurs de *Ricordi*, dont les notes, prises au jour le jour, durent être le fond des premières chroniques apocryphes, véritables chroniqueurs tels que les trois Villani, prédicateurs trop heureux de parler un idiome compris de leur auditoire, tous procèdent de la *Vita nuova*, du *Convito* et même du *De vulgari eloquio*, écrit en langue latine pour prouver la nécessité d'écrire en langue italienne.

Si la rage persistante d'isolement municipal mit obstacle à l'unité même littéraire, Florence, du moins, profita de l'anarchie. Plus déliés, plus hardis et plus connus que les autres peuples de la péninsule, les Florentins firent des trouvailles en matière de langue : leurs écrivains n'eurent qu'à puiser aux sources populaires pour enrichir le dialecte toscan ; leur trafic propagea au loin ces créations de leur fine et vive nature ; leur supériorité, involontairement reconnue, fut cause qu'on leur emprunta partout à pleines mains, et que, pour devenir universelle en Italie, la langue qu'ils parlaient d'abondance n'eut plus qu'à être émondée, comme un arbre trop touffu. Sans le savoir, sans le vouloir, cette poignée de marchands entra en collaboration active avec ses premiers écrivains. Toute l'Italie en recueillit le fruit, mais pour Florence en fut toute la gloire.

Dante avait chanté l'amour dans de petits poèmes en langue vulgaire. Sans tarder, chacun suit son exemple : c'est plus facile que de recommencer la *Divine Comédie*. Sur ce terrain, il finit même par être dépassé. Pétrarque, né dans l'exil, n'en sut pas moins devenir le poète italien par excellence, protégé comme il l'était des idiotismes toscans par l'éloignement, et le réformateur de la poésie lyrique. Il n'a point chez lui les œuvres de Dante, pour n'être pas tenté d'y faire des emprunts; mais il les a lues et il s'en souvient, comme des Provençaux, comme du *Roman de la Rose*, objet tout ensemble de ses dédains et de son imitation. Il a pourtant sa part d'originalité, car il est sincère dans l'expression de ses sentiments et de ses amours de tête.

PÉTRARQUE.

Toutefois, s'il charme et passionne les Italiens, ce n'est pas par ce qu'il a de personnel; c'est qu'ils retrouvent en lui leur âme, leur génie, surtout leurs défauts, obscurités vagues et puérils jeux de mots, antithèses et *concetti*, conventionnel et traditionnel langage de la galanterie. Tant de feux à côté de tant de glaces n'a rien qui les choque, non plus que trois sonnets consacrés à se réjouir d'un mot obligeant, quatre à célébrer un gant tombé par terre, deux cent quatre-vingt-dix-sept et vingt-cinq *canzone*, sans compter les madrigaux et les ballades, pour verser des pleurs de commande. Sur ce lit de Procuste du sonnet, inventé par les Siciliens, Pétrarque sait, en somme, être éloquent et même sensible, introduire dans la poésie tout ce qu'elle peut admettre de psychologie amoureuse, perfectionner un genre secondaire où il est le premier par le mérite, et qu'il a fait priser à l'égal des principaux, grâce à des vers délicats et à une langue dont pas un mot n'a vieilli.

Ce qui lui nuit aux yeux des modernes, et peut-être plus que de raison, c'est d'être le père de ce qu'un Italien appelle « l'intolérable séquelle des pétrarquistes », de contenir en germe tout le mauvais goût des âges postérieurs, et, en substituant l'art minutieux à la grande et large inspiration de Dante, d'avoir efféminé le génie italien.

Rappelé de l'exil, honoré de la couronne poétique pour des poésies latines aujourd'hui bien délaissées, il ne voulut pas vivre dans sa patrie. Il préférait la tyrannie d'un homme à celle d'un peuple et se trouvait suffisamment libre sous le joug des Visconti. Ainsi parlent ou pensent, dans tous les temps, les âmes courtisanes à qui manque le sens de la liberté. Si Pétrarque est Italien de cœur, il n'y a dans ce cœur que découragement et incohérence.

Jamais nom pourtant n'eut, parmi les contemporains, plus de retentissement. Seuls, Voltaire et Gœthe peuvent, à cet égard, soutenir la comparaison. Devant la mort ne tint pas la rancune même des Florentins dédaignés par l'idole : ils furent entraînés dans le torrent qui emportait tout. Voilà Pétrarque, lui aussi, passé Dieu, et, dans une certaine mesure, c'est justice, car, seul par sa « séquelle », où tout n'est pas méprisable, il fertilisera le champ poétique, quand l'heure de la stérilité aura sonné.

Boccace est le premier comme le plus grand des pétrarquistes; mais sa gloire est ailleurs : elle consiste au progrès nouveau qu'il assure à la prose des chroniqueurs et des conteurs primitifs, en la parant de ce tour littéraire qui lui manquait encore. Destiné d'abord au trafic et nourri d'arithmétique, ce gros homme, sensuel comme un Italien, vif comme un Français qu'il est par sa mère, n'a qu'un génie et qu'un goût, celui de conter; mais il conte à merveille : les cent nouvelles de son *Décameron* restent son principal titre à l'immortalité.

BOCCACE.

Ce badinage, tout en égayant les imaginations attristées par la peste, proposait pour modèle au style moderne le style antique, l'ample période de Cicéron. C'est aujourd'hui un reproche du goût à Boccace, parce qu'il a ainsi, pour des siècles, empreint d'emphase la prose italienne; mais ce fut alors un bienfait, puisque par là s'y introduisit la noblesse, qui trop sensiblement y faisait défaut. Une dignité si nouvelle dans l'expression frappait d'autant plus que le contraste en était grand avec de frivoles sujets et des idées légères. C'est par la beauté du langage que le conteur florentin l'emporte sur les conteurs français dont il s'inspire, et chez qui l'art ne soutient pas l'invention. Sans doute il fut noble à l'excès ; il eût mieux fait de conserver le ton simple et familier des Florentins primitifs, en donnant au langage plus de flexibilité, d'ampleur, de coloris ; mais on n'atteint du premier coup la mesure qu'en la dépassant. Sans doute il n'est pas original, créateur ; mais qu'importe, si ce que touchent ses habiles mains devient or?

Ce serait un lieu commun de reprocher au *Décameron* la place indécise qu'il occupe entre les chefs-d'œuvre et les livres honteux. Notre siècle a raison d'être sévère ; les précédents l'étaient moins : ils ne voyaient pas dans la crue liberté des mots ou des tableaux une incitation au mal. L'Église demanda la suppression des passages qui flétrissaient les mœurs ecclésiastiques, nullement des pages licencieuses. Ce n'est pas une édition expurgée dont le prédicateur Panigarola recommandait la lecture. Boccace, comme Pétrarque, doit du moins être rendu responsable de ces innombrables imitateurs à sa suite qui, n'ayant rien à dire, disent des riens avec ampleur, donnent aux périodes « trois mille de pays », abusent de l'inversion latine, font la roue pour être admirés. Deux d'entre eux seulement, Ser Giovanni et Franco Sacchetti, ont trouvé grâce devant la postérité. Ce dernier prouve même, comme sainte Catherine de Sienne, que le génie toscan pouvait atteindre aux agréments du style sans les emprunter aux anciens.

C'est pourtant par l'étude des anciens, par l'érudition même rébarbative, que les Florentins se défendirent contre la décadence littéraire, si sensible en France dans ce temps-là. Nous ne voyons pas une marque de décadence dans l'infériorité de Pétrarque et de Boccace comparés à Dante : l'esprit humain ne s'élève que par exception et ne saurait se soutenir aux hauteurs vertigineuses ; mais personne ne saurait nier que le servile troupeau des imitateurs soutenait de plus en plus mal, au XIVe siècle et au commencement du XVe, la gloire des lettres italiennes. Pour se relever, ces lettres, si promptement abaissées, devaient passer par une aride et ingrate période, où l'érudition, avec ses recherches patientes et tout ensemble passionnées, allait remonter aux sources, aux modèles éternels.

En ce sens, c'est bien l'Italie qui inaugura la Renaissance. Le réveil après les temps barbares est peut-être antérieur dans notre pays; mais, en faisant de la pensée la servante de la théologie, en l'astreignant aux abstractions de la scolastique, la France avait rendu stérile un mouvement de l'esprit qui pouvait être fécond, et qui le fut en Italie. Le goût du concret y était trop dominant pour qu'on s'y attardât aux baroques subtilités de la science du *baralipton*. Tandis qu'à Paris on dispute sur Aristote, sans qu'aucun des disputeurs en ait lu le texte original, à Bologne et à Rome on commente les monuments authentiques du droit écrit. C'est la naissance de l'esprit critique, lequel, dès le berceau, ne ménage rien. A cet égard, Pétrarque et Boccace dépassent Dante, l'un par la raillerie sur les choses, l'autre par l'invective contre les personnes. Le despotisme en ses progrès, qu'il vienne d'une coterie, comme celle des Albizzi, ou d'un homme seul, d'un Médicis, n'aura garde de gêner cette tendance qui, de plus en plus, s'accuse. Plus habiles qu'en d'autres pays, il laissera libre une sphère d'action bien étroite sans doute, mais suffisante maintenant à des âmes asservies, à des esprits sans larges horizons.

Dans le mouvement qui porte l'Italie vers l'antiquité, ce n'est pas, répétons-le, Florence qui a pris la tête. Pise, moins mêlée aux agitations de la guerre, l'a devancée en constituant, sous le nom de *studio*, une véritable université. Quand Florence suivit cet exemple (1348), son génie mercantile ne sut desserrer qu'à moitié les cordons de sa bourse. Jamais, aux plus beaux jours de son *studio*, elle n'y consacra plus de deux mille florins. Qui s'en étonnerait? Dans cette ville marchande, où un commis de boutique est plus estimé qu'un notaire, les officiers préposés à l'enseignement public sont des artisans, des débitants de vin, des soldats. Peu de chaires, ou du moins peu de « lecteurs », pour « lire » le droit civil, le droit canon, la médecine, la philosophie et « les autres sciences », mot un peu vague qu'il faut entendre des belles-lettres, des études étrangères à la scolastique. En 1402, lorsque l'enseignement semble au complet, on compte vingt lecteurs, dont neuf pour les lois et un pour l'astrologie. La concurrence des chaires est donc établie, quoique mal vue dans les lettres comme dans le trafic. Il est vrai que la liberté des programmes laissée à chaque chaire a pour limites la liberté du lecteur voisin. A l'occasion, un cours est suspendu et, le lendemain, un autre, sans autre but qu'une économie bien misérable, car l'ensemble des salaires ne s'éleva jamais à plus d'une moitié de la dépense totale, c'est-à-dire à plus de mille florins d'or. Nonobstant, il était interdit aux jeunes Florentins d'aller au dehors poursuivre leurs études : les jalousies municipales ne reculaient pas, au besoin, devant l'ignorance. L'enseignement secondaire n'était qu'une dépendance négligée de l'enseignement supérieur, et l'enseignement primaire se réduisait à la lecture, à un peu de grammaire et de calcul, heureux encore si la plupart des enfants eussent reçu ces élémentaires notions!

Le saint-siège contribua pour une bonne part à cette infériorité du *studio* florentin, en s'acharnant à en faire, dans cette ville guelfe et pontificale par excellence, une de ses citadelles théologiques. Il ne se doutait pas qu'en poussant à l'étude du latin pour que le plus grand nombre possible pût méditer ou marmotter dans le texte les saintes Écritures, il décuplait le prix que les doctes mettaient à la découverte des manuscrits profanes de Rome païenne. Pétrarque et Boccace ne furent pas les premiers à cette recherche, dont les savants de Byzance avaient propagé le goût, mais ils y devinrent bientôt les plus ardents.

Pour Pétrarque, Cicéron et Virgile étaient les yeux de la langue italienne. Il apprend par cœur, annote les auteurs latins, et sa pieuse curiosité s'étend jusqu'aux moins classiques. En quête de nouveaux manuscrits, il envoie ses missives aux doctes, aux moines, aux princes, partout, jusqu'en Orient. De sa personne, il parcourt l'Europe, fouille les archives des couvents et des villes, achète s'il le peut, et, s'il ne le peut pas, copie ou fait copier, suit à pied, pour les pouvoir charger de l'équivalent de son poids, les chevaux, les mulets, les ânes qui portent son précieux butin. De retour au gîte, il revoit ses textes altérés par d'ineptes copistes, et, pénétré qu'il en est, les imite à dessein ou les reproduit sans le vouloir dans divers ouvrages, et surtout dans ces innombrables épîtres familières qu'il écrit en latin, au courant de la plume, qu'il sème aux quatre vents de l'Europe, pour rapprocher entre eux les savants dispersés. Par son style défectueux encore, mais bien supérieur à celui des scolastiques, il ouvre les voies aux Cicéroniens de la seconde Renaissance, aux Bembo et aux Politien. Par sa critique, il est bien moderne, et le premier des modernes. Il fait connaître la Rome des vieux Romains; il dissipe les fables et légendes qui l'enveloppaient d'une atmosphère de nuages. Il réunit une collection de médailles, témoins incorruptibles. Il confronte ses manuscrits, les complète les uns par les autres, y ajoute des tables, en retrouve les titres et l'auteur, ou facilite cette importante recherche par ses heureuses conjectures. Il met chacun en sa place et marque les distances. Il procure à Cicéron, dont le docte Dante connaissait peu d'ouvrages, des milliers de lecteurs. C'est donc grâce à Pétrarque, en grande partie, que la péninsule italique devança d'un siècle au moins les autres peuples dans l'admiration des anciens, qui est l'éveil de la Renaissance. Eût-il été seul, il marquerait encore une grande époque dans l'histoire de l'humanité.

Mais il ne fut pas seul, et c'est heureux, car il ne savait que faiblement le grec. Sur ce point, il n'aurait donné qu'une impulsion insuffisante. C'est son éternel honneur d'en avoir voulu répandre la connaissance qu'il désespérait d'acquérir lui-même, car sa renommée de savant universel en devait être amoindrie. Dans cette sorte de suicide moral et partiel, Boccace l'aida de son amicale compétence. Il avait pris du grec quelque teinture dans la Grande-Grèce, par un long séjour à Naples. Leurs relations avec les Grecs lettrés élargirent le cercle étroit des connaissances helléniques qu'avaient procurées le trafic et les traductions d'Aristote. C'est Boccace qui fixe à Florence Léonce Pilate. C'est lui qui parvient à entourer Pilate d'un nombre respectable d'auditeurs, alors que, au début, ils n'étaient pas plus de cinq, et que Pétrarque, en cherchant bien, n'en découvrait que cinq autres possibles dans toute l'Italie. Trop pauvre pour acheter, lui aussi, de coûteux manuscrits, le frivole conteur, qui était bon copiste, en copie sans cesse et forme toute une école de lettrés érudits. Ceux-ci, moins brillants que leurs maîtres, mais, grâce à eux, plus éclairés qu'eux, appelaient à Florence, en 1396, pour lui confier la chaire de grec, non plus un savant douteux comme Pilate, mais un vrai savant que bien d'autres suivirent, le célèbre Chrysoloras.

Il est vrai que ni Chrysoloras ni les autres, ces parcimonieux marchands ne savaient les garder : ils les laissaient partir à la recherche de plus grasses prébendes ; mais ils avaient l'heur de les voir revenir, car on regrettait vite l'attrayant séjour de cette nouvelle Athènes, où l'on trouvait à qui parler. Le goût du savoir s'y répandait de proche en proche. Tel ignorant qui confondait Ovide avec Ésope n'en voulait pas moins que son fils allât à l'école et qu'il y apprît la musique, le chant, la danse, l'escrime, naturellement avec un peu de calcul et pas mal de grammaire. La science de la grammaire a dans cet esprit inculte un sens compréhensif : un jeune homme doit entendre à la lettre les papiers des notaires et des docteurs, être capable d'exprimer ses pensées, de bien composer et d'écrire une missive; il doit consacrer, chaque jour, au moins une heure à lire Virgile, Sénèque, Boèce, exercice un peu dur au début, mais honneur et consolation de l'âge mûr, « car c'est le savoir qui donne rang d'homme et non d'animal ». « Tu pourras, ajoute ce grand conseilleur, rester dans ton cabinet avec Virgile, jamais il ne te dira non, toujours il répondra à tes questions, il t'enseignera gratuitement, il t'ôtera de la tête toute pensée mélancolique. Tu pourras aussi étudier Dante et les autres poètes, Cicéron pour parler parfaitement, Aristote pour connaître la philosophie et la raison des choses. Enfin, il ne faudra négliger ni les prophètes ni la Bible ». C'est l'esprit de la Renaissance à l'état chaotique. Ce qu'il peut devenir chez des hommes moins incultes, on le devine : de simples marchands paraissent à leurs contemporains étonnés orateurs diserts, politiques habiles, plus délicats et plus fins que n'étaient ces subtils scolastiques qui vivaient en dehors du monde, ou ces guerriers violents qui n'en connaissaient que les vulgaires réalités.

EMMANUEL CHRYSOLORAS.

A cet égard, le double séjour d'Emmanuel Chrysoloras à Florence est une époque, son succès est un symptôme. Cet étranger ouvre des horizons nouveaux, communique le feu sacré, fait reculer le moyen âge devant l'antiquité, donne droit de cité au grec sur les bords de l'Arno. On y en sent désormais les beautés avec la délicatesse de l'homme de goût, la finesse du philologue et la dialectique du philosophe. Qui ne le connaît pas est bientôt tenu presque pour un ignorant : les Byzantins amenés par le concile ont répandu l'usage de leur langue. Le latin, d'usage courant, mais de forme scolastique, c'est-à-dire barbare, devient littéraire. Coluccio Salutati, Leonardo Bruni, Poggio Bracciolini ne sont appelés aux emplois que parce qu'ils ont une plume élégante autant qu'exercée. Trois civilisations sont en présence, dont l'heureux contact fait jaillir la lumière. Les disciples ne se comptent plus et les amateurs se comptent déjà, Il en est même de célèbres : Niccolò Niccoli a beau se couvrir de ridicule en étant le serviteur connu de sa servante, on le loue de dépenser sa grande fortune en achat de livres, non moins qu'en libéralités. Il avait rassemblé huit cents volumes latins, grecs, orientaux, valant six mille florins. Comme Pétrarque et Boccace il copiait les textes, les mettait en ordre, corrigeait les fautes des précédents copistes. Le premier, depuis les siècles antiques, il eut l'idée d'une bibliothèque publique. En mourant, il destinait la sienne à le devenir et y nommait seize curateurs.

Cet esprit nouveau est païen ; il l'a été dans toute l'Europe, fruit naturel de l'admiration qu'inspiraient les anciens retrouvés. Il entre en lutte avec l'esprit chrétien qui a fait du *Studio* son réduit, des études surannées de moyen âge son évangile de combat. Les révoltés ne sont plus, comme au XIIIe siècle, une poignée d'hommes, ils sont légion, et parmi eux se trouvent des croyants qui ne peuvent plus se résigner à tout croire. Ils voient dans les *frati* « l'écume du monde, des gens à bâtonner ». Ils suppriment le jeûne et même la prière : « Nous n'en serons pas moins bien, disent-ils, avec le Seigneur Dieu. » Ils ne croient plus au petit nombre des élus. Ils ergotent et gouaillent plus que jamais. Les pénitents d'autrefois sont de l'histoire bien ancienne : nul maintenant ne recommencerait leurs dévotes et bizarres pérégrinations. Des correspondances récemment publiées permettent de mesurer le chemin parcouru : les lettres du notaire ser Lapo Mazzei sont d'un sermonneur, ferventes, confites en dévotion : il écrivait au XIVe siècle. Celles d'Alessandra Strozzi, quoique d'une main de femme, sont exclusivement profanes : pas un mot de ce qui était le tout des ancêtres, à savoir le ciel, l'âme, le salut. C'est au XVe siècle qu'elle tient la plume.

De la lutte des deux esprits, déjà fort inégale, provient peut-être en partie la violence des érudits, au temps de la Renaissance. L'invective, si ordinaire à qui défend ses croyances ou attaque celles d'autrui, envahit le domaine littéraire. Pour un mot interprété différemment, les doctes s'accusent sans sourciller de parjure, de vol, d'empoisonnement, de parricide. La forme que prennent les idées nouvelles sent encore son moyen âge. L'élégance ne suit que de loin le savoir chez le plus grand nombre. Quelques délicats peuvent sentir et même reproduire les beautés du style. Les autres ne distinguent pas entre les beautés et les fautes : qu'un ouvrage soit reconnu ancien, ils l'admirent sans réserves ; les verrues de Cicéron sont chez lui un attrait de plus. Le goût ne se forme donc que lentement, et les femmes n'y poussent guère, non plus qu'à la politesse : ignorantes et charmées de l'impudique, elles tiennent en outre un rôle effacé. Comment donc réprimeraient-elles dans leur entourage les échappées de la brute qu'il y a au fond de chacun de nous ?

L'élégance et le goût vinrent peu à peu, sous l'impulsion de marchands enrichis, assez libres et assez puissants pour être et se poser en raffinés. C'est l'honneur des Médicis dans l'histoire. Cosme, le premier d'entre eux qui fut maître, à la manière d'Octave-Auguste, sans le paraître, celui qu'une basse flatterie a si improprement appelé « père de la patrie », vit dans les belles-lettres et les beaux-arts un dérivatif pour détourner les esprits de la politique. Chez lui tout était calcul. Il donnait sans compter ou ne comptait que pour donner. Il prêtait sans réclamer les intérêts, ni même quelquefois le capital. Pour de tels chefs les peuples sont indulgents. Le tout est de savoir répandre autour de soi la manne terrestre. Cosme avait les mains percées, n'espérant pas persuader qu'il les eût nettes. Il disait en bon dévot n'être pas sûr que tous ses biens eussent été honorablement acquis, et n'avoir jamais assez donné à Dieu pour le trouver débiteur sur ses livres. Ainsi Tartuffe s'accuse d'être un grand pécheur. Personne alors ne connaissait le dessous des cartes, n'établissait le lien entre les faits, ne remarquait que toute largesse rapportait quelque chose à cet adroit calculateur ou aux siens.

Nous le verrons plus loin Mécène des beaux-arts ; il faut montrer ici le Mécène des belles-lettres. La plume a plus de ressources que le pinceau, le ciseau ou la truelle pour porter un nom aux étoiles, car elle ne fournit pas seulement son témoignage : elle juge et donne ses motifs. Dans un temps où l'imagination semblait tarie, la richesse, qui n'y peut rien, peut très bien, au contraire, provoquer, seconder le travail patient d'esprits médiocres, mais appliqués. Il s'agissait de faire copier à grands frais des manuscrits grecs, latins, de toute langue. Le prix dont on payait le moindre d'entre eux stimulait à fureter partout pour en trouver, et l'on en trouvait un grand nombre. Cosme fait, à cet égard, comme ses contemporains opulents, sans en excepter ce paysan dégrossi de Sforza. Tout son avantage sur eux, c'est qu'il dispose de plus inépuisables ressources ; mais cet avantage, c'était tout dans l'espèce. Pas plus que Sforza, Cosme n'était un grand clerc. Il n'en marchait pas moins sur les traces de Niccolò Niccoli, avec la différence qu'il y a d'un simple particulier à un banquier passé prince. Et cependant il ne réunit que quatre cents volumes, tandis qu'à son devancier les Florentins en devaient huit cents, et que le pape Nicolas V en allait assembler cinq mille dans la bibliothèque du Vatican, sa création. Encore Cosme n'y regardait-il pas d'assez près pour garnir ses rayons : son or n'était pas exempt de scories. La spéculation mercantile des moines lui offrait de faux anciens, revêtus d'une belle patine, grâce à des mélanges chimiques. Mais qu'importe ? Qui veut avoir renom de Mécène doit aimer les lettres, l'argent au bout des doigts ; et c'est

Palais Médicis ou Riccardi.

ainsi qu'il les aimait, par calcul d'abord et plus tard par goût.

Il profitait de l'exode des doctes Byzantins, chassés par

les Turcs mêmes avant la prise de Byzance, pour les dépouiller à prix d'or de leurs manuscrits grecs, syriaques, chaldéens, que ses navires lui apportaient avec les tissus d'Alexandrie. Il profitait de l'incurie et de la cupidité monastiques pour enlever aux couvents d'Europe ces manuscrits précieux qu'y détruisaient les rats, le soleil, la poussière, l'humidité. Pour cette recherche et ces achats, il mettait à contribution tout le monde: missionnaires, voyageurs, marchands, employés de ses comptoirs. Durant son exil, il cherchait déjà, notamment à Venise, des asiles sûrs pour ces trésors. Revenu de l'exil, il les faisait recopier, pour que leur perte éventuelle ne fût plus un malheur irréparable. « En vingt-deux mois, écrit le libraire Vespasiano, son agent, j'engageai quarante-cinq copistes et je terminai deux cents volumes. » Un catalogue de bibliothèque laissé par Cosme a paru trop long au lettré Fabroni pour qu'il l'imprimât parmi les documents de l'ouvrage qu'il a consacré au chef des Médicis.

Les faveurs de Cosme aux lettrés ont été, comme ses achats de livres, maintes fois célébrées, et l'on ne saurait pas plus les nier qu'énumérer ceux qui en recevaient le bienfait, après l'avoir recherché. Tous n'étaient pas aussi bien traités que le docte Marsilio Ficino, qui obtenait du maître maison à la ville et maison à la campagne. Au surplus, il y a lieu, ici, à une distinction. Pour mériter ces libéralités plus ou moins princières, il fallait se tenir à l'écart de la vie politique. Les hommes de la vieille roche restaient dans l'oubli, souvent en disgrâce, réduits parfois à s'en aller au loin, jusqu'en Pologne, chercher des appréciateurs moins intéressés du talent ou du savoir. Mais qui avait tué en soi le citoyen pouvait espérer que les lettres le conduiraient à tout, à la fortune, aux grâces, aux honneurs. Ces favoris partaient pour les ambassades, commis-voyageurs littéraires au moins autant que politiques, dont le beau langage tournait à la gloire du patron. Gardons-nous, malgré tout, de voir dans Cosme l'inspirateur et le guide des érudits au xve siècle. Ce serait commettre la bévue si souvent commise en appelant « siècle de Léon X » le xvie, dont ce pape n'a pas vu le quart, et « siècle de Louis XIV » le xviie, où les plus grand génies sont déjà formés quand ce prince parvient à sa maturité. Ce n'est pas parce qu'on leur accorde des pensions ou des commandes que les savants, les écrivains, les artistes, dispensent la gloire à un règne ; c'est parce qu'ils ont en eux le feu sacré.

Si Cosme a, dans cet ordre d'idées, un titre vraiment sérieux et original, c'est l'Académie platonicienne. Il avait conçu le dessein de la restaurer, après tant de siècles, en assistant aux leçons de son vieil hôte, ce George Gémiste, si grand admirateur de Platon qu'on se plaisait à le surnommer Pléthon. L'Académie eut bientôt son siège dans les jardins du palais Médicis. Ce fut, en Europe, la première des institutions consacrées à la science qui osa s'affranchir des méthodes scolastiques.

Marsilio Ficino.

Cette plante de serre chaude sembla d'abord ne prospérer que par la présence d'un homme : elle dépérit quand Gémiste Pléthon retourna au Péloponèse. Mais Cosme eut la main heureuse dans la recherche d'un autre jardinier. Marsilio Ficino, qu'il avait logé dans son propre palais avant de le rendre deux fois propriétaire, s'était converti tard au culte du divin Platon. Pour regagner le temps perdu, il tenait une lampe allumée devant le buste de son idole, et, ce qui vaut mieux, il en publiait la première traduction exacte et complète. Prêtre à quarante-deux ans et chanoine par la volonté des Médicis, il s'efforçait de concilier le platonisme avec le christianisme. Pour démontrer la vérité de sa religion, il recourait à Platon, à Porphyre, à Virgile, aux Sibylles. Il partageait les plus grossières superstitions, par exemple la croyance aux esprits, dont n'étaient pas exempts les matérialistes eux-mêmes. Dans la querelle entre les platoniciens soutenant que la nature agit en vertu d'un dessein, et les péripatéticiens convaincus qu'après avoir appris son métier elle agit d'instinct, il soutenait, intermédiaire entre les deux sectes, que les choses ont une tierce essence, une âme immortelle, quoique inséparable des corps, et qu'elles répondent autant à l' « idée » de Platon qu'à la « forme » d'Aristote. La notion de la Divinité, qui était le Tout-Puissant pour les juifs et le Père des croyants pour les chrétiens, devient pour les néo-platoniciens l'absolu philosophique. Ils croient donner au christianisme une direction plus rationnelle, et ils s'engagent sur le grand chemin du panthéisme.

Dans le principe, ces spéculations élevées manquaient de base. Longtemps la philosophie s'était bornée à des extraits d'auteurs anciens. Plus tard, en abordant Platon, elle n'avait pas vu en quoi il différait d'Aristote, ni même qu'il en différât. Cosme dut exhorter Marsilio à étudier le grec pour remonter aux sources. Le chanoine obéit, enseigna aussitôt ce qu'il venait d'apprendre, communiqua le fruit encore un peu vert de ses méditations d'abord aux fils et petits-fils du patron, puis aux auditeurs du *Studio*, enfin aux courtisans du palais Médicis. L'importance du lieu, la présence du Mécène, les cérémonies imaginées attirèrent l'attention. Sous le nom d'Académie platonicienne, que prirent ces réunions, ne cherchons rien qui rappelle les innombrables académies devenues, un siècle plus tard, le ridicule de l'Italie. Point de règles, point de statuts. Ce nom est un simple souvenir du grec et du maître que ces doctes voulaient honorer.

L'âme de l'Académie fut donc incontestablement Ficino.

Elle naît et meurt avec lui. L'affection de ses amis, la foi de ses disciples en fait le ciment. Aucun d'eux n'est par soi-même un philosophe. Tous, ils reproduisent ses idées. Quant à Cosme, après avoir donné l'impulsion première, il ne fut plus qu'un hôte bienveillant. De cette bienveillance, de cette hospitalité, il a obtenu sa récompense avec usure. Par intérêt, les lettrés lui ont dispensé la gloire après avoir habilement exploité les aspirations qu'il avait provoquées. Il y a là une sorte d'action réflexe des hommes sur les choses et des choses sur les hommes, des lettrés sur Cosme et de Cosme sur les lettrés.

La part de Piero le goutteux, fils de Cosme, dans cette marche en avant de la civilisation, est médiocre. Il accrut les collections paternelles, il soutint les établissements fondés, il donna l'ordre à Ficino de publier sa traduction de Platon; mais surtout il veilla avec un soin jaloux à l'éducation de ses deux fils, dont celui qui échappa au poignard des Pazzi devait l'éclipser.

De cet heureux survivant d'une conjuration célèbre à son père et même à son aïeul, il y a loin. Le magnifique Lorenzo a cette double supériorité que personne ne prend plus ombrage des largesses d'un concitoyen qui n'était plus un citoyen, et qu'il n'est plus seulement un Mécène, qu'il est aussi un lettré, un écrivain. Il fait par goût en même temps que par calcul ce que son aïeul faisait uniquement par calcul; aussi personne ne remarque plus que le bienfait de la rosée qu'il répand est surtout pour lui. Malgré le mauvais état de ses finances, il dépensait annuellement en livres trente mille ducats, et il entretenait de nombreux copistes qui, à sa mort, se trouvèrent sans travail. Appelés par lui ou attirés par le renom de son entourage, sûrs de trouver dans son palais une bibliothèque riche de manuscrits précieux, un vrai musée d'antiquités et aussi des encouragements en espèces sonnantes, les savants y affluaient, parfois de très loin, et publiaient de belles éditions des classiques grecs. Nul besoin dès lors, pour apprendre leur langue, d'aller à Constantinople. Des traductions de Plaute se produisent sur divers théâtres de cour, à Florence et ailleurs, bien plus pour rendre populaire le vieux comique romain que pour propager la langue italienne. Lorenzo disputait, dans ses jardins, avec les philosophes, ses commensaux, même à table, car ses banquets n'étaient souvent qu'un prétexte pour émettre sans danger les plus hardies opinions.

Mais il faut bien dire aussi qu'excédé des affaires et passionné pour les plaisirs, même les moins avouables, il se délectait des enfantillages; il n'aimait la société que des hommes facétieux et mordants. Pour lui être agréable, c'est sur le ton de la plaisanterie qu'il fallait traiter les choses sérieuses. Sa maison était un mauvais lieu, tout autant qu'une école ou un musée. Ce qui le caractérise, c'est que, égoïste habile, il sut faire des satisfactions données à ses goûts personnels un calcul de sa politique. En poussant les esprits vers les lettres et les arts, il les détournait des affaires d'État; en amusant et en corrompant Florence, il y affermissait son empire. Enveloppé de telles splendeurs, le joug paraît aux hommes moins lourd à porter. Parmi eux, les meilleurs ne sont plus des citoyens. Ainsi, Bernardo Rucellai, marchand, diplomate, lettré, écrivain, auteur de petits ouvrages historiques sous son nom latinisé d'Oricellarius, qui eût été jadis un des chefs de la République, n'est plus bon qu'à remplacer Lorenzo, dont il avait épousé une sœur, auprès des philosophes de l'Académie auxquels il ouvre ses beaux jardins (*orti oricellari*). Ainsi encore, et bien plus bas sur l'échelle de la dignité humaine, Angelo Ambrogini de Montepulciano, qui, selon l'usage du temps, se fit nommer Poliziano, — nous disons Politien, — du nom de sa ville natale. Pour avoir écrit en langue vulgaire un poème harmonieux à la gloire de Lorenzo, il devint son secrétaire, son bibliothécaire, son familier, le précepteur de ses enfants. La récompense obtenue, il négligeait de terminer son œuvre, s'inquiétant peu de laisser comprendre quel motif intéressé lui avait mis la plume à la main.

Sachons lui gré, du moins, d'avoir contribué pour une large part à faire du maître qu'il s'était donné un raffiné, un dilettante, un chasseur de manuscrits, alors que cette chasse, à force d'être commune en Italie, y devenait difficile et de plus en plus coûteuse. Sachons lui gré surtout de l'avoir poussé par ses exemples, sans doute aussi par ses conseils, vers la poésie en langue vulgaire, que les érudits alors tenaient en grand mépris. C'est en latin qu'ils écrivaient jusqu'à leurs plates et obscènes facéties. Quelques lignes dans l'idiome italien ou toscan échappaient-elles à une plume habile, vite elles étaient traduites en latin. Filippo Villani, troisième du nom, parle avec dédain de son oncle Giovanni et de son père Matteo, qui, en employant leur langue maternelle pour écrire l'histoire, « n'ont certes pas fait une belle chose ». Ce qu'on admire chez Pétrarque, c'est le philosophe lettré, l'auteur de l'*Africa*, non le poète des *sonnets*, non le Pétrarque de la postérité ; chez Dante, c'est le penseur catholique, non le génie poétique et l'art incomparable de l'expression. Même pour Niccolò Niccoli, Dante était le poète des chaussetiers et des boulangers, des boulangers! c'est-à-dire de ce qu'il y avait de moins prisé dans la population florentine. Vers la fin du siècle, Pic de La Mirandole soutient encore qu'à Dante manquaient les

POLITIEN.

mots et à Pétrarque les idées. Cristoforo Landino n'admet pas qu'on puisse, sans savoir le latin, bien parler le toscan. Et Politien, qui manie élégamment les deux langues, croit devoir écrire en latin l'histoire de la veille, la conjuration des Pazzi.

Les latinistes, pourtant, n'étaient pas sans reproches. Si leurs modèles de la Grèce et de Rome étaient pleins, eux ils étaient creux et vides, comme l'a été, aux siècles suivants, la vieille école italienne. Une période sonore leur tenait lieu de pensée. Les meilleurs esprits en étaient choqués. « Un discours fait avec art, disait le pape Pie II, ne peut être l'œuvre que d'un sot. » Le cardinal d'Estouteville, entendant l'éloge de saint Thomas d'Aquin par Lorenzo Valla, s'écriait : « Mais cet homme est fou! » La mode n'en faisait pas moins loi. Point de solennité publique ou même privée qui ne se donnât le luxe de ces discours soigneusement « fourbis », pour employer un mot qu'aiment les Italiens parlant de l'éloquence. Les riches familles, comme les gouvernements avaient leur orateur officiel, qui s'exprimait en latin ronflant. La belle école pour constituer ou reconstituer une littérature nationale!

Il fallut donc à Lorenzo, pour écrire en langue vulgaire, même en présentant aux lecteurs ses excuses, un certain courage, qui lui fut, à vrai dire, rendu facile par la trop faible teinture qu'il avait des langues anciennes. S'étant servi de l'instrument qu'il tenait sous sa main, il ne tarda pas à « maximer ses pratiques », pour employer une expression devenue célèbre. Soulevée par lui s'agite la question de savoir si la langue italienne est propre aux genres littéraires, et surtout, comme la latine et la grecque, à exprimer les idées générales, cette nouveauté dont les hommes de la Renaissance sont à ce point frappés que, dans les textes anciens qu'ils publient, ils les impriment en caractères plus gros ou plus espacés, pour attirer mieux l'attention. Sous le premier aspect, la question était résolue par les auteurs de *Ricordi*, de lettres missives, de chroniques; sous le second, par Dante, Pétrarque et

Boccace ; mais elle restait toujours pendante à des yeux prévenus. L'autorité de Lorenzo assura le triomphe du langage toscan. Les grands de ce monde, quand ils prêchent, n'ont pas coutume de prêcher au désert. Leone Battista Alberti ouvrit la voie aux adhésions, et bientôt tous s'y ruèrent. Bientôt, Bernardo Rucellai, dans sa correspondance avec Erasme, un Hollandais pourtant, ne consent plus à écrire en latin.

Les exemples de Lorenzo firent plus encore peut-être que ses conseils. Comme fit plus tard Galilée, pour prouver le mouvement, il marchait. Peut-être même n'eût-il rien voulu prouver, qu'il n'en aurait pas moins projeté la lumière. Il n'est pas sans doute un grand poète, mais il fait de bons vers, et même de jolis vers dont le mérite est grand, car, depuis Pétrarque et Boccace, on ne trouverait pas un versificateur en langue vulgaire qui valût d'être cité. Il renoue la chaîne rompue, il reprend la poésie où le XIVe siècle l'avait laissée. Très médiocre dans ses vers sacrés, il est agréable dans ses vers profanes, où il emprunte aux paysans de la Toscane leur langage naïf, dans sa *Nencia da Barberino*, dans ses *Canti carnascialeschi* ou chants du carnaval, que ses courtisans osèrent mettre au-dessus des poésies de Dante. Sans originalité, puisque le genre était en honneur antérieurement à Boccace, ces chants sont, en outre, d'une grossièreté si licencieuse que les plus hardis hésiteraient, de nos jours, à les produire en petit comité. Jouir de la vie, se livrer au plaisir, ne pas songer au lendemain, tels sont les conseils de cet épicurien

LEONE BATTISTA ALBERTI.

cynique. Seulement, il les rajeunit et les rend agréables par l'expression élégante et vive de pensées familières au peuple et à lui-même. Il en faisait l'assaisonnement apprécié de ces réjouissances carnavalesques dont il devenait l'*impresario* et qui tiennent tant de place dans son temps. Facteur des poèmes, il veillait à ce qu'ils fussent mis en musique, et il ordonnait la pompe, pour les placer dans un cadre digne d'eux. C'était son plaisir et, tout ensemble, un des ressorts de sa politique, plus étroite de moitié que celle des empereurs romains : de leur devise connue, il négligeait le pain et maintenait les jeux. Il connaissait son peuple et savait qu'à Florence les ventres affamés avaient encore, pour les fêtes, yeux et oreilles.

Que l'excuse de cette frivolité impardonnable, ou, si l'on veut, de cette tactique égoïste, soit du moins dans ces poésies gracieuses qu'il écrivait pour le besoin du jour et qui réveillaient le goût de la langue vulgaire. Cet heureux résultat n'en fut pas moins plutôt atteint que poursuivi, et, chose curieuse ! les Cicéroniens, par l'exagération enragée de leur fanatisme, y contribuèrent sans le savoir et sans le vouloir. Le jour où ils imposaient la mode savante de n'employer, en parlant la langue de Cicéron, que le vocabulaire de Cicéron, une élite seule pouvait la parler ou l'écrire ; il fallait s'adresser à la foule dans le seul langage qu'elle comprît. Lorenzo eut sur les érudits le double avantage de savoir ce qu'il faisait quand il donnait le branle, et d'être si haut placé qu'il trouva des imitateurs.

Un heureux hasard voulut que, parmi ses courtisans, plus d'un fût bien doué pour les lettres. Nous avons déjà nommé Politien et Rucellai ; nommons encore Luigi Pulci, auteur du *Morgante maggiore*, dont la mère du seigneur, qui se piquait de littérature, avait elle-même suggéré l'idée. Ce poème appartenait à un genre bien connu des Français, mais nouveau pour les Italiens. Pulci à Florence, comme Bojardo à

Ferrare, donnait un tour élégant à des chants de forme populaire qui célébraient les guerres de Charlemagne contre les Sarrasins, et cependant l'œuvre restait d'apparence frivole, à la fois parce que les choses sérieuses y étaient présentées d'une manière plaisante et parce que la langue vulgaire qu'employait l'auteur le discréditait auprès des doctes.

LUIGI PULCI.

Les doctes, dans l'espèce, n'avaient pas tout à fait tort. Pulci est si peu exercé au maniement de la langue, que parfois il paraît grave quand il se joue et plat quand il vise au beau style, trivial avec gaucherie quand il veut être vivant. Jongleur attardé, affranchi de toute croyance, ce chanoine de cinquante ans commence ses chants par des poésies d'église d'où il glisse aussitôt dans les témérités de la pensée et de l'expression. Il invoque Vénus après la Vierge et raille l'immortalité de l'âme, sans le moindre dessein d'attaquer la religion. Les dévots pratiquants, même les femmes, rient aux éclats de ses plus grasses plaisanteries. Les témérités de la pensée et du langage sauvent les pages sérieuses qu'elles auraient pu compromettre. Cet improvisateur sans génie a, du reste, le mérite d'enrichir la langue et de perfectionner la versification. L'octave est chez lui plus légère que chez Boccace et moins basse que chez les autres auteurs de *rime*. Sur ce point, il servira désormais de modèle, car tout le monde comprend et goûte ses vers, tout le monde les récite chant par chant, à mesure qu'il les compose et les allonge. La cour bourgeoise et lettrée de Lorenzo y trouve son passe-temps favori, à table et dans les orgies dont la présence des matrones et des jeunes filles ne tempérait pas assez le trop libre caractère. Luigi Pulci dut à ce singulier ouvrage d'entrer dans l'histoire des lettres italiennes. Comme le maître qu'il flattait en l'imitant, il a grandement contribué à la revanche de la langue italienne, si longtemps et si injustement dédaignée.

Divers lettrés, dans des genres différents, achevaient bientôt de démontrer qu'elle n'était point incapable de rendre des idées générales et littéraires. L'érudit Landino s'en servait avec succès pour traduire Pline l'Ancien et pour commenter Dante. S'interdisant les locutions triviales, trop fréquentes chez Pulci et chez Lorenzo, il parlait noblement cet idiome sans noblesse, service signalé, conquête importante. Il fait penser aux écrivains français que le dévergondage de la langue française révolte, et qui s'imposent, pour l'imposer aux autres, la règle sévère d'un langage épuré. Seulement, il faut Landino et Lorenzo pour accomplir la tâche de Malherbe, puisant comme Ronsard aux sources grecques et latines les formes de la poésie nationale, en même temps qu'il se préserve de tout excès dans ce sens par ses promenades philologiques sur la place Maubert et sur le port aux foins.

A un autre point de vue encore, le rapprochement est légitime entre la France de Malherbe et la Toscane de Lorenzo. Ainsi que le dialecte de l'Ile-de-France se propageant dans nos provinces, le dialecte florentin, devenu d'abord toscan, devient italien par la force des choses, par l'attrait du mieux, et sans qu'on en puisse faire honneur à personne en particulier. Dans ce pays d'Italie où, bien plus que dans le nôtre, les patois s'élèvent à la dignité de dialectes susceptibles d'une littérature, tous ceux qui se piquent d'être éclairés tentent d'écrire à la florentine, non pas seulement dans leurs rapports avec les magistrats de la République, mais entre eux ou quand ils s'adressent au public de toute la péninsule. Le florentin est désormais la langue commune. C'est en florentin que sont rédigées dépêches et histoires. Ludovic le More, dans son testament, parle bien encore milanais, mais il s'efforce visiblement de parler florentin, et il croit même y être parvenu.

Si le progrès est réel hors de la Toscane, il reste cependant beaucoup à faire encore pour tout Italien, avant qu'il puisse être pris pour Toscan. Veut-on mesurer la distance? il faut lire, après les dépêches des « étrangers », c'est-à-dire des Italiens non Toscans, celles de Francesco della Casa et de Gentile Becchi, serviteurs du fils de Lorenzo : l'un fin et attique, l'autre doué d'une verve presque gauloise et plein de vie, malgré son grand âge, tous deux bons écrivains. Même alors ce n'est pas sans peine que les habitants des autres villes se mettront au diapason. Lorsque dans la délicate Florence arrive de Ferrare, ville lettrée pourtant, le dominicain Savonarole, il parle mal, il fait rire les moines du cru, même les moines acclimatés. Plus tard, il sera plus correct, il connaîtra mieux la propriété des termes ; mais il n'atteindra jamais aux grâces du langage familier, où excellent les Florentins. Seul, l'Arioste y parviendra, et c'est pour lui un titre de gloire.

Tel quel, ce progrès s'accomplit par la connaissance et l'usage du latin classique et châtié de la Renaissance, si supérieur au jargon quasi macaronique du moyen âge. Si le latin recule alors devant la langue vulgaire, c'est-à-dire vient moins souvent que par le passé sur les lèvres et au bout de la plume, la perte fut plus apparente que réelle, tant il s'était cantonné fortement dans les esprits. Là, en revanche de sa défaite partielle, il sut bien vite régner en maître, comme il faut régner, sans faire sentir son pouvoir.

Ermolao Barbaro disait que les lettres devaient beaucoup aux Florentins, mais, parmi eux, surtout aux Médicis, et, parmi les Médicis, surtout à Lorenzo, au magnifique Lorenzo. Peut-être fait-il trop d'honneur à cette famille surfaite et à son plus littéraire représentant. Il a raison, du moins, de mettre au premier rang comme fauteur des lettres, parmi ces marchands enrichis et éclairés, l'homme qui avait confessé en elles une foi sincère, la foi qui agit, la foi qui pratique avec amour.

CHAPITRE VI

LES BEAUX-ARTS.

Premier réveil de l'art. — Les ruines antiques. — L'architecture. — Arnolfo de Cambio. — La sculpture. — Niccola de Pise. — Andrea de Pise. — La peinture. — Les Byzantins. — Cimabue. — Giotto chef d'école. — La première école de giottesques. — Taddeo Gaddi, Giovanni de Milan. — L'association des peintres. — La seconde école de giottesques. — Agnolo Gaddi, Giottino. — Orcagna. — Cennino Cennini, historiographe de l'école. — Part de la démocratie et de l'oligarchie dans le progrès des arts. — La période des premiers Médicis. — Les orfèvres. — Les architectes et sculpteurs : Brunelleschi. — Ghiberti. — Donatello. — Michelozzo-Michelozzi. — Leone Battista Alberti, théoricien de l'art nouveau. — Luca della Robbia et la sculpture en terre cuite. — Lorenzo des Médicis médiocre Mécène. — La peinture. — Les Peselli. — Masolino. — Conquêtes de l'art. — Paolo Uccello. — Andrea del Castagno. — Excès du naturalisme. — Rénovation de l'art byzantin : Fra Beato Angelico. — Masaccio réformateur de la technique. — Filippo Lippi. — Benozzo Gozzoli. — Décadence sous Lorenzo. — Les Pollajuoli. — Les deux écoles issues de Masaccio : Rosselli, Ghirlandajo. — La réforme morale de Savonarole ; ses faibles effets sur l'art. — Léonard de Vinci. — Fra Bartolommeo della Porta. — Vogue et grandeur de l'art florentin.

Tout se tient dans les choses humaines. Les traditions étrusques avaient fait des Toscans un peuple industrieux ; l'industrie et le travail, sous ses diverses formes, leur avaient donné la richesse, la richesse des loisirs, les loisirs le goût de l'étude. Quand ils voulurent étudier, la matière ne leur manqua point. Le rayonnement de leur trafic les conduisit en Grèce et au pays de Naples, qui avait été une seconde Grèce plus voisine pour les vieux Romains. Là et dans une grande partie de la péninsule italique, la terre ne s'entr'ouvrait pas sous le choc de la charrue sans mettre au jour de précieux débris. Pas

SAN MINIATO A MONTE.

même n'était besoin de fouiller les entrailles de la terre : à fleur de sol, sur le sol, on voyait encore d'imposantes ruines, témoins attardés d'une antiquité qui pouvait être du second ordre, mais qui était toujours l'antiquité. L'étude des lettres en fit bientôt sentir tout le prix. De l'admiration au désir d'imiter, le pas fut franchi, quoique tardivement. Les leçons qui nous viennent par les yeux sont lentes à porter leurs fruits.

Durant les siècles de barbarie, l'architecture s'était mieux soutenue que les autres arts, parce qu'il est, en tout temps, nécessaire de bâtir; mais elle était grossière : elle risquait, par ignorance, l'assemblage monstrueux des débris les moins faits pour être assemblés. La vieille église de San Giovanni, à Florence, avait des chapiteaux composites mêlés à des corinthiens, des corinthiens au-dessous des ioniques, des colonnes de hauteur et de grosseur diverses sur le même rang, des bases mal appropriées à ces colonnes, flagrantes violations des règles antiques. C'est dans l'âge héroïque des cathédrales, œuvre de populations entières et de générations successives, en d'autres termes vers la fin du xe siècle, qu'on entrevoit partout un premier retour à l'art. En 1013, sur une des gracieuses collines qui entourent Florence, au sud de l'Arno, s'élevait l'église de San Miniato *a monte*, avec sa façade de style romain plus que lombard, avec son intérieur aux proportions exactes non moins qu'élégantes. Il y a progrès, non encore renaissance, car la renaissance consiste à s'inspirer de l'antique plus qu'à l'imiter, et, quand elle l'imite, à le faire en toute liberté. La vieille cathédrale de Santa Reparata, la non moins vieille abbaye de Fiesole, étaient encore des monuments de cet art primitif, à peine digne d'être nommé un art. Pise fit un pas de plus par son étonnante cathédrale, bientôt devenue en Toscane le modèle de tant d'autres églises.

L'architecture civile resta plus longtemps stationnaire. Agencer avec habileté des morceaux disparates, comme à Pise, ce n'était guère qu'un travail de mosaïque. Ce qu'il fallait apprendre, c'était à regarder les ruines antiques avec intelligence. Or chacun les vit, dans le principe, à travers les éloges des auteurs latins plus que par ses propres yeux. Peu à peu, l'éducation se fit, car les destructions si fréquentes de l'incendie, de la guerre, des discordes civiles, donnaient aux architectes un incessant travail. Vers la fin du xiie siècle commença d'apparaître un véritable progrès.

Bien qu'on ait conservé les noms de quelques-uns des architectes primitifs qui travaillèrent à Florence, Arnolfo de Cambio, natif de Colle au val d'Elsa (1232-1310), les a fait oublier. C'est lui qui dirige les travaux du palais du *Bargello*, de la *loggia* des prieurs, de celle d'Or San Michele. C'est lui qui donne les plans de la nouvelle cathédrale. C'est sur ses dessins que sont édifiés le monastère et l'église de Santa Croce. On a voulu voir en lui le Cimabue de l'architecture ; il est plus et mieux, car plus d'une fois il s'est élevé au beau, dans toute l'étendue de ce terme employé trop libéralement. A la magnificence, caractère principal de ses constructions, son école n'a plus qu'à ajouter la grâce. Ce fut l'honneur du maître et des disciples d'être continués par Giotto, qui consacra leurs exemples en les dépassant. Mais comme architecte, quand il donna les dessins du fameux *Campanile,* Giotto n'avait plus que trois ans à vivre. C'est dans une autre branche de l'art qu'il marqua surtout sa place comme initiateur, et nous l'y retrouverons.

Ornement naturel, mais non nécessaire, de l'architecture, la sculpture était loin, tout d'abord, de marcher du même pas. Les ruines s'en rencontraient plus rares de beaucoup que celles des monuments, et le christianisme des vieux âges n'avait pas, tant s'en faut, encouragé les sculpteurs. La marche en avant est à peine sensible au XIIe siècle. Vienne le XIIIe, et l'essor est prodigieux : Pise a, dans l'intervalle, rapporté sur ses navires les œuvres et peut-être quelques chefs-d'œuvre de la sculpture grecque. La finesse italienne sentit alors la différence de l'art hiératique, bien digne des Égyptiens ou des Hindous, qu'avait toléré l'Église, et de cet art hellénique qui, au lieu de créer des dieux gigantesques, revient aux proportions humaines, sauf à ne voir le divin que dans le beau, ce qui est encore une innovation ou une rénovation.

Niccola de Pise est le premier qui illustre cet art retrouvé. A la cathédrale et au baptistère de Pise, il travaille sous des maîtres grecs. Ses disciples l'aident ; mais à lui seul appartient tout l'honneur de l'impulsion et d'une décision qui n'est pas la moindre part de son génie. Manquant de savoir et d'expérience, il a du désordre, il est froid et sans expression, comme ses modèles antiques ; mais ce désordre est un miracle d'ordre au prix de ce qu'on voyait auparavant; mais ces figures avaient une dignité, ces attitudes une sagesse, ces mouvements une vérité, ces draperies une élégance qui relèvent du premier coup un art abâtardi par la décadence romaine, appauvri par la sécheresse byzantine, enlaidi par l'aride mysticisme de l'Église. Alors que personne n'osait sortir de la routine, Niccola en sort, et ses successeurs mettent un demi-siècle à l'atteindre, un siècle à le dépasser. Son école, en effet, est fondée : Giovanni et Andrea de Pise l'illustrent après lui.

ANDREA PISANO.

Andrea de Pontedera, dit Andrea Pisano ou de Pise, vint travailler au *Campanile*, sous la direction de Giotto, dans ces voies heureuses où, sans copier le paganisme, la sculpture s'inspire de l'art grec modifié par le goût florentin. Noblesse, élégance, sentiment, tout s'y trouve, jusqu'au choix de formes que n'ont point surpassé, selon les critiques modernes, Ghiberti, Donatello, Michel-Ange, Raphaël. La sculpture fit un pas de géant le jour où Andrea façonnait en terre glaise les portes du Baptistère tournées vers le midi. A l'art de sculpter des figures, il ajoutait l'art de les distribuer, l'art de composer, l'art de signaler l'idée principale, sans nuire à la beauté des formes, sans méconnaître la nécessité des proportions et de l'harmonie. Le premier, sur un marbre froid, il exprime sans vulgarité la grâce, la tendresse, la force, tous les sentiments. C'est un disciple, disciple de Giotto comme de Niccola, mais qui sait voler de ses propres ailes, qui est lui-même un maître. Les merveilleuses portes de Ghiberti ont fait négliger celles

Porte du baptistère, d'Andrea Pisano.

d'Andrea; mais Ghiberti n'eut point fait mieux, s'il ne les avait eues devant lui.

Le sculpteur était alors le véritable éducateur du peintre, les modèles de celui-ci ayant tous péri. La peinture fut donc tributaire de Niccola Pisano; mais Florence y prit le rôle initiateur que tenait Pise dans la sculpture. Il ne fut point facile à cet art séduisant de se faire accepter : l'Église le poursuivait d'une guerre implacable, en haine de l'antique, c'est-à-dire de l'imitation du beau et de la nature. Au XIe siècle, la peinture est encore toute byzantine, avec ses surfaces inanimées, ses lignes droites, ses masses informes, ses images cadavéreuses. Les mosaïques, susceptibles de durée, maintenaient sous les yeux diverses œuvres perdues de cette barbarie hiératique, à peu près comme les tapisseries des Gobelins remplaceraient les tableaux de Lebrun, s'ils venaient à être détruits. C'est ainsi que les Byzantins, dans l'Italie des temps barbares, comme les Vestales dans l'antique Rome, entretinrent la flamme presque éteinte du feu sacré. Cet art de décadence eut la vie dure : on le pratiquait encore, à la fin du XIVe siècle, parallèlement à l'art de rénovation que le génie de la Renaissance donnait au moyen âge épuisé. Les Grecs qui habitaient la Toscane sont emportés bientôt, quoi qu'ils en aient, par l'irrésistible courant. Les grossiers artisans qui peuplaient déjà toute une rue à Florence, dès 1269, la *via de' Pittori*, ne peuvent plus se maintenir dans l'imitation servile et parfois ridicule de la manière grecque. Cimabue a paru.

Issu d'une famille noble et aisée, il avait pu par des voyages élargir son talent formé à l'étude des peintures farouches qui reproduisaient les vieilles mosaïques. Quelquefois il osa regarder en face le modèle vivant. Il surpasse ceux qu'il se propose tout ensemble par le style et le coloris. Ses têtes de vieillards sont, par aventure, si fièrement accentuées que les modernes, sur ce point, n'ont pas fait mieux que lui. Dans ses draperies aussi, il met plus de vivacité, de souplesse, de naturel. Pour la conception comme pour l'exécution, il est dans son temps hors de pair. S'il reste encore infiniment trop l'esclave du convenu, s'il manque presque autant que ses devanciers de beauté, de grâce, de variété, de vie, ses contemporains n'en pouvaient être choqués. La peinture a, dans toutes les périodes de son histoire, comme un langage obligé que doivent parler ceux-là mêmes qui en entreprennent la réforme. On était frappé surtout de ce qu'il avait osé à Santa Croce, à Santa Maria Novella, à Santa Trinita, à San Spirito. Où nous ne voyons qu'un précurseur, on voyait un chef d'école. Chef d'école ou précurseur, il s'imposa par son caractère hautain, impérieux, inflexible, par sa facilité précoce et sa fécondité surprenante, par sa fortune personnelle et ses relations étendues. Il est possible que l'impuissance où il se sentait d'atteindre son idéal ait contribué à le rendre irritable; mais il est certain que son autorité fut acceptée ou subie, à en juger soit par la conservation respectueuse d'un nombre relativement considérable de ses tableaux, soit surtout par le changement qui s'accomplit dès lors dans la manière des peintres.

CIMABUE.

Qu'eût été sans Cimabue le petit berger du Mugello dont il devina le génie, en le voyant, au milieu de ses brebis, dessiner d'imagination ou d'après nature? Giotto se fût peut-être toujours ignoré lui-même et jamais ne fût sorti de son humble condition. Profitant des progrès techniques que la peinture devait à Cimabue et la sculpture à Niccola Pisano, il s'affranchit des traditions hiératiques, améliore l'art du dessin, accomplit toute une révolution, pour laquelle c'est à peine si les éloges qu'on lui décerne sont suffisants. Sec au début, malgré sa merveilleuse dextérité de main, et trop embarrassé dans ses lignes droites, il donne avec le temps plus de variété aux personnages divers que trace son pinceau. Il ressuscite l'art du portrait, il sait composer et représenter une scène. S'il manque parfois de proportion, d'agrément, d'élégance, il a le trait d'une pureté rare, il distribue habilement la lumière et les ombres, il donne à ses tons une réelle vigueur. Ne lui reprochons pas d'ignorer les lois du clair-obscur et de la perspective : pour les connaître il aurait dû les découvrir, et le plus grand génie ne peut suffire à tout.

Ce qu'a fait Giotto est déjà assez surprenant. Imitateur fidèle dans l'exécution, il est dans la conception, ou plutôt dans la méthode, le plus hardi des novateurs. Il ose détourner ses yeux des modèles consacrés pour regarder la nature en face, peindre ce qu'il voit, ne plus transformer, par respect de la coutume, des objets d'adoration en objets de dégoût. Convié à l'envi par les Dominicains et les Franciscains rivaux à représenter sur les murs de leurs églises les miracles récents qui devaient assurer à l'un des deux ordres sur l'autre la prépondérance, le plus simple bon sens l'invitait à s'inspirer de la réalité pour peindre des scènes de la veille, des personnages que chacun avait vus; mais ne sait-on pas qu'au triomphe du bon sens ne suffit pas toujours le génie, même servi par une forte volonté?

Assurément, on devait à la longue tomber d'un excès dans l'excès contraire, et, pour fuir la laideur, si longtemps réputée divine, rechercher trop la beauté humaine, aboutir enfin à cette forme inférieure de l'art qu'on appelle le réalisme ou, plus exactement, le naturalisme; mais les disciples seuls seront damnables de ce chef : Giotto resta dans la juste mesure. Sans lui, l'art de peindre se fût traîné, qui sait combien d'années encore, dans l'étroite et affreuse ornière où l'enfonçaient de plus en plus les Byzantins. Pour les grandes compositions qui lui sont partout demandées, cet esprit clair et pénétrant, positif et joyeux, se plie aux obscurités des sujets symboliques ou légendaires qui en usent librement avec l'histoire et reflètent la foi. Il s'inspire des hardis tableaux de l'enfer burinés par Dante, son glorieux ami, mais il ne les copie point, quoiqu'il eût pu le faire en restant original, la copie d'une œuvre poétique par le pinceau ne pouvant être qu'une assez libre transcription. Habile à représenter les supplices du corps par les attitudes, et les tortures de l'âme par l'expression des physionomies, il excelle à rendre par quelques traits déliés les élans de l'amour et de la joie, les plus délicates nuances du sentiment.

GIOTTO.

Souvent les nécessités de son travail l'appelaient hors de Florence; toujours la nostalgie l'y ramenait. Ce qu'il dut au génie florentin, on ne saurait exactement le dire; on sent bien du moins que l'esprit net de ce peuple est pour quelque chose dans l'étonnante netteté de Giotto. D'ailleurs, il n'est pas plus le père de la peinture que Dante de la poésie et Boccace de la prose. Avant Dante, Cino de Pistoia est un poète; avant Boccace, Dante est un prosateur; avant Giotto, Cimabue est un peintre. Mais Cimabue laissait à Giotto une tâche particulièrement lourde. Ce qu'avait tenté le précurseur, la gaucherie de sa main l'avait compromis. Pour mener l'entreprise à bonne fin, il fallait avec la foi du disciple la fougue du novateur et aussi l'activité lumineuse du vulgarisateur. Ces dons, Giotto les possède à un tel degré que tous les peintres subséquents le reconnaissent pour maître. Il est sans rival dans toute cette première renaissance de l'art italien. « Créateur de l'art et du métier, dit M. Delaborde, il partage avec Dante la gloire d'avoir, du jour au lendemain, révélé le beau à son pays par la poésie des inspirations comme par la précision des formes, donné l'essor aux plus hautes facultés de l'imagination, défini, institué les lois du style et du langage. »

Après Giotto cesse donc toute incertitude. Quiconque tient un pinceau s'est rallié à sa doctrine et contribue à mettre l'unité dans l'art. Unité féconde qui, sous certaines règles générales et dans des limites fixées, permet la liberté individuelle, seule capable de reproduire la nature comme on la voit, comme on la sent! A peine, malheureusement, quelques mots des textes ou des conteurs permettent-ils de suivre dans ses mœurs et son travail cette école désormais constituée. Simples artisans, le sculpteur et le peintre sont traités en artisans. Fantasques, lunatiques, ivrognes, sans pudeur, féconds en facéties souvent grossières, comme le fameux Buffalmacco, ils n'inspirent point l'estime. On commandait un tableau comme une table, avec des conditions injurieuses dont nul ne se choquait. Mais à peine la main-d'œuvre avait-elle fourni une œuvre d'art, que toute assimilation disparaissait. De fins appréciateurs portaient aux nues le talent du peintre et lui faisaient une renommée, manière ingénieuse de s'acquitter envers lui sans se ruiner. Pour ne pas altérer ses peintures, les acquéreurs aimaient mieux geler dans les chambres qu'elles décoraient que d'y allumer, dans des réchauds de cuivre, selon la mode sicilienne, l'ambre et l'aloès.

Aussi Florence était-elle comme un grand atelier. Depuis que les citoyens voulaient des fresques dans leurs maisons, comme l'État dans ses palais, l'industrie du peintre ne connaissait plus de chômages. Pour la décoration des édifices publics, ce peuple si économe ne regarda bientôt plus à la dépense. C'est au lendemain de l'effroyable peste qui l'avait ruiné et plus que décimé qu'il commandait les dispendieuses portes du Baptistère, dont personne ne pouvait savoir alors si elles seraient ou non des chefs-d'œuvre.

Dans ce progrès des beaux-arts, le rôle de Florence est prépondérant. En vain la vanité municipale des villes italiennes

GIOTTO. — MORT DE SAINT-FRANÇOIS.
(Fresque dans l'église de Santa Croce.)

soutient-elle que chacune s'éleva par ses propres forces et sans le secours de personne dans les voies d'une si glorieuse renaissance : aucun de ces réformateurs de clocher n'est devenu illustre et n'a fait école. Les Toscans, au contraire, remplissent le monde de leur nom. Toutes les cités les appellent pour la décoration des palais et des églises. C'est que la peinture, essentiellement florentine en ces premiers temps, exerce plus d'action par la magie du dessin et de la couleur que la sculpture et l'architecture, malgré le rang supérieur qu'on assigne à celles-ci dans la hiérarchie des beaux-arts. C'est que l'enthousiasme tout athénien de ces marchands enrichis portait au bout du monde la renommée des peintures qu'ils admiraient après les avoir commandées, et dont, par leurs éloges, ils augmentaient la plus-value.

Si l'esprit souffle où il veut, les germes qu'il dépose ne fructifient que dans les terres fécondes. Florence, avec la Toscane qu'elle entraîne, ramenait l'art au raisonnable et ne tardait pas à y convertir l'Europe entière. Elle prenait une place vide et savait la bien remplir. A peine eut-elle entrevu la Grèce, qu'elle s'y rattacha en la modifiant. Elle rendit des fidèles au culte du beau physique, mais en l'éclairant d'un rayon intellectuel. Sa foi dans l'enfer et le ciel ne faiblit point, mais elle comprit l'un et l'autre avec plus de sens, elle s'en inspira, elle les représenta avec plus de justesse par la plume de Dante, par le ciseau de Niccola, par les pinceaux de Cimabue et de Giotto. Elle marcha vers le vrai et le beau avec la sûreté d'un instinct que guidait le fil conducteur du savoir. Elle se sentit bientôt soutenue de toute cette société italienne si supérieure aux autres sociétés du même temps, si naturellement portée à admirer les belles œuvres, et même à en honorer les auteurs, ou du moins leur mémoire. L'art est pour l'Italie la satisfaction non pas d'un caprice passager, mais d'un besoin désormais permanent. Chez ces hommes toujours agités, dans ces esprits toujours occupés des plus matériels intérêts, savent se faire une large place les goûts élevés, les passions nobles, l'amour de la gloire, le désir raffiné, propre aux âmes d'élite, de figurer avec honneur devant la postérité.

L'école de Giotto eut le mérite de tenir en ses mains et de transmettre le flambeau. Mais c'est surtout en peinture que Giotto fit école. Quand il mourut, son œuvre de statuaire n'était qu'indiquée ou ébauchée, tandis que son œuvre de peintre, achevée par lui-même, s'offrait à tous comme la leçon posthume de son génie. Quoique ses disciples entendent bien ne négliger aucune des trois branches de l'art, ils ne forment point une école de sculpture, et ils forment une école de peinture. Peu propres à un effort personnel et libre, ils se bornent, le maître disparu, à le reproduire de leur mieux. Sa loi devient leur évangile, sa pratique leur idéal. Si profonde et si tenace est son empreinte, qu'un siècle et demi plus tard toutes les peintures en Italie seront encore « giottesques ».

Toutefois, le courant qui allait devenir irrésistible ne s'établit point sans résistance. Le passé trouva d'obstinés sectateurs dans l'école siennoise et à Florence même. Mais, siennoise et florentine, les deux écoles finirent par se pénétrer l'une l'autre. On finit toujours par ressembler plus ou moins à ceux qu'on a combattus longtemps. En donnant plus qu'elle ne recevait, Florence acquit de ce combat une plus fine délicatesse de touche, un sentiment religieux plus profond. Sienne, de son côté, subit la loi de Giotto : de lui manifestement procède le plus renommé des peintres siennois, Simone Martini.

Deux générations de giottesques forment l'école. Les uns ont entendu la parole de vie et vu leur oracle à l'œuvre; les autres ne recueillent qu'un écho affaibli de ses leçons, heureux du moins de voir de leurs yeux les monuments trop périssables de son impérissable génie.

Après Stefano, qui n'est plus qu'un nom, Taddeo Gaddi est un des premiers propagateurs de la doctrine nouvelle, et il se distingue des autres en ce qu'il s'approprie mieux l'élégance des formes et des mouvements, la justesse des proportions, la naïveté, la grâce, la variété des figures sans y égaler Giotto, qu'il surpasse peut-être par un coloris plus frais et plus vif. Mais sa gloire, en somme, consiste à être un reflet. De ses disciples il n'y a guère à noter, pour marquer la continuité de la chaîne, que Giovanni de Milan, de qui procéderont les plus illustres d'un prochain avenir, Giottino et Orcagna, Masaccio et Fra Beato Angelico. Devenu Florentin par ses études comme par le droit de cité que lui confère la République, Giovanni de Milan sait à propos s'affranchir de la tradition florentine pour demander à la tradition siennoise le secret de la chaleur, de la tendresse, de la grâce suprême. Seulement, ce secret, il le cherche plus qu'il ne le trouve, car il ne rend avec expression la douleur qu'au détriment de la beauté. Joindre le mouvement dramatique des giottesques à l'expressive douceur des Siennois, voilà le triomphe de son art; ne pas subordonner les parties à l'ensemble, en voilà la faiblesse, et aussi l'infidélité. Pour tout le reste, il est fidèle et s'abandonne à l'entraînement universel, avec ces Vénitiens mêmes, héritiers des Grecs, qu'attire l'art nouveau. Dans nombre de villes on voit des peintures d'auteurs inconnus, et de caractère si manifeste qu'on les attribue aux principaux de l'école, toujours à des Florentins, car un peintre non florentin ne peut conquérir qu'une renommée locale. Il faut s'être abreuvé de naissance ou longtemps à la source, pour paraître capable d'en répandre au loin les vertus bienfaisantes.

TADDEO GADDI.

A ces peintres l'association donnait alors la force que ne leur donnait plus le génie. En 1349, suivant un peu tard l'exemple des artistes vénitiens et des artisans florentins, ils formaient une société sous le patronage de saint Luc, « premier peintre chrétien ». Divers métiers furent admis dans la corporation, sans qu'on voie que la pratique du dessin leur donnât droit d'y entrer : artisans du bois et du fer, fabricants de selles et d'épées, manœuvres aussi peut-être qui préparaient les murs pour la peinture. C'est que le peintre était, à l'égal des autres, un artisan qui avait boutique ouverte ou travaillait dans la boutique d'autrui, qui ornait les petits objets, les petits meubles comme les grands, armoires, bancs,

TADDEO GADDI. — LA RENCONTRE A LA PORTE D'OR.
(Fresque dans l'église Santa Croce.)

coffrets, harnais, selles, boucliers, bannières et pennons, comme panneaux et murailles. Beaucoup de menues peintures qui nous ont été conservées proviennent des plus portatifs de ces objets, surtout des coffrets où la femme enfermait ses présents de noces. A ceux qu'ornaient des sculptures sur bois se lisaient souvent accolés les noms du menuisier et du sculpteur.

L'association vint très à propos pour donner quelque force

à des peintres médiocres; elle ne leur pouvait donner le génie ou même le talent. Le talent, toutefois, ne manqua point aux giottesques de la seconde génération. Ainsi Agnolo Gaddi, fils de Taddeo et peintre capricieux qui faisait agréer ses caprices. Menant de front, comme son père, le trafic et l'art, partageant ses journées entre le comptoir et la brosse, au besoin mosaïste et architecte, il manquait de loisir pour étudier, il travaillait vite, trop vite pour donner à ses œuvres un caractère définitif. Avec lui plus encore qu'avec Taddeo, la décoration tend à devenir le principal de l'art. Il dessine avec trop de négligence et d'incorrection pour ne pas gagner à n'être vu que de loin, ce qui permet en outre de ne pas s'arrêter à certains détails par trop réalistes et répugnants ; mais il possède les qualités qui permettent d'apprécier à distance un ouvrage : il compose bien, selon les principes simples et nets de Giotto, avec naturel et relief. La fraîcheur de son coloris, que Vasari admirait tant, est sensible même de nos jours. Par malheur, ses défauts plus que ses qualités, selon l'usage, séduisirent son temps, et voilà comment il devint un ouvrier de décadence, car il eut bientôt de multiples imitateurs.

AGNOLO GADDI.

Dans le nombre, et au premier rang, est ce Giotto de Stefano que l'histoire de l'art appelle Giottino, pour mieux marquer la filiation. Comme, sans violer les grandes lois de la composition, il s'asservit aux détails, ses peintures rendent la vérité saisissante, l'effet dramatique. L'école en reçut une impulsion fidèle aux principes et, tout ensemble, exempte de pédantisme. Mort à trente-deux ans, si Giottino n'a pas donné sa mesure, il est du moins un des peintres qui marquent les étapes de l'art, et il faudrait le nommer, alors même qu'on se tairait sur la plupart des autres. Mieux qu'eux tous, en effet, et le premier peut-être dans l'ordre chronologique, il représente une des deux formes de l'art florentin. A côté de Giotto, d'Orcagna, de Michel-Ange, qui inspirent l'étonnement et commandent l'admiration par leur génie austère, inflexible, altier, des peintres modestes et doux s'insinuent au lieu de s'imposer, et leur action, pour être moins énergique, n'en est pas moins pénétrante. Giottino donne alors, Masaccio et Andrea del Sarto donneront plus tard à la gamme du pinceau cette note nouvelle dont la douceur exquise nous charme et nous séduit.

GIOTTINO.

C'est Andrea Orcagna qui suit les principes de l'école avec le plus de liberté virile. Il sort des rangs, mais à la manière d'un serre-file, non d'un traînard ou d'un déserteur. Quoique fils d'un orfèvre, toutes les branches des beaux-arts lui étaient familières, et il s'en piquait. Cette tendance était alors assez commune; mais nul peut-être, depuis Giotto, n'avait paru aussi universel, et il donna le rare exemple d'un génie qui gagne en profondeur, sans perdre en étendue. Dans l'admirable tabernacle d'Or San Michele, il supplée à la noblesse, que l'art n'avait pas trouvée encore, par un pathétique qui ne sera point surpassé, comme par la grandeur sévère de son style, qu'il tient de ses deux guides, Giotto et Andrea Pisano.

S'il paraît moins grand dans la peinture que dans la sculpture et l'architecture, la faute en est à l'ignorance où l'on était alors de la perspective, et au temps qui a effacé le coloris de ses fresques. Les yeux sont ainsi frappés de ce qui lui manque : ils remarquent surtout sa rudesse de main, ses figures sans dignité, sans ordre dans leur disposition. Mais sa gloire n'en est guère amoindrie : il garde son rôle à part dans l'école. Les modifications qui s'y introduisent, involontaires chez les autres, sont volontaires chez lui. Il ose s'affranchir de la tradition des livres saints ; il comprend que la peinture peut faire des emprunts à la *Divine Comédie*, inaccessible aux poètes, et il sait voir ce qu'elle lui doit emprunter. Mêlant le poétique et l'idéal à l'horrible et à l'immonde, il donne à ses fresques de Pise un caractère dantesque de grandeur dans les idées, de richesse dans l'imagination, de puissance dans l'art de composer. En même temps, ce large et judicieux esprit sent bien qu'il y a quelque chose à prendre dans l'école siennoise : de là, dans l'école florentine, l'apparition de ce doux et tendre mysticisme qu'il ne pousse jamais jusqu'à l'affectation, qui s'accentuera davantage dans Masolino et Masaccio, qui trouvera son point culminant dans le bienheureux Angelico de Fiesole.

Notable est le progrès accompli grâce à Orcagna. Relevant de Giotto par le sens du beau, le sentiment de la composition et de ses lois, le naturel et la vérité, la simplicité ferme des lignes, l'unité de l'ensemble, il le surpasse par son adresse à distribuer le clair-obscur et conséquemment à produire le relief, par le pressentiment qu'il a des perspectives aériennes et l'heureux effort qui en résulte pour mieux rendre l'atmosphère. Or surpasser Giotto sur quelques points, le suivre de

TABERNACLE D'ORCAGNA. (OR SAN MICHELE.)

plus près que personne sur les autres et sur les plus importants, c'est un succès que l'austérité des œuvres peut rendre moins sensible à l'œil, mais que la réflexion fait comprendre et que proclame tout juge attentif.

Toutefois, dans l'ordre des génies comme dans l'ordre des temps, Orcagna ne marche qu'après Giotto. Dans son indépendance limitée il reste un disciple, et l'on se demande si, lui-même, il eut des disciples. Peut-être est-il permis de regarder comme tels, ou du moins comme profitant de son exemple pour puiser aux mêmes sources, ceux des peintres qui ont su combiner les qualités siennoises avec les qualités florentines. Divers peintres par plus d'un point rappellent Orcagna et en même temps d'autres giottesques, sans être manifestement les élèves ni de celui-là ni de ceux-ci.

Cent ans après la mort de Giotto, spectacle peut-être unique dans l'histoire de l'art, son dogme est encore la loi vivante. Y croire, s'y conformer, c'est prendre rang parmi les gens de goût et les habiles. Mais les premiers giottesques ont déjà le sentiment de leur décadence : Taddeo Gaddi la dénonce sans détour. Elle était inévitable : des disciples qui égaleraient leur maître ne tarderaient pas à le dépasser. C'est ainsi que Giotto avait éclipsé Cimabue. Les giottesques valent par l'expression plus que par l'agencement des figures et la pureté du dessin, ces deux bases de l'art; ils ont un travail trop hâtif; leurs procédés nous paraissent puérils, parfois déplaisants; mais n'est-ce pas un peu parce que nous pouvons admirer la science et la force d'un Michel-Ange, la grâce et la perfection d'un Raphaël? Au demeurant, ils sont dociles, restent dans le droit chemin, maintiennent ou plutôt établissent une tradition vénérée et ne l'exagèrent point, ne tombent point dans la manière, ne perdent point le sentiment du beau, de la convenance, du naturel. Que toutes les œuvres de Giotto vinssent à disparaître, on en aurait une idée par les leurs.

Il faut donc bien comprendre ce mot de décadence. Le

génie n'étant que l'exception, elle commence après lui. Mais des disciples fidèles peuvent maintenir le *statu quo* dans l'ensemble et être en progrès pour certains détails. C'est surtout la seconde génération des giottesques qui faiblit; encore l'imitation s'y rend-elle plus indépendante, ce qui est loin d'être un mal. Ces nouveaux peintres, n'ayant point connu Giotto, ne sont pas gênés par des souvenirs personnels. En somme, on peut dire avec vérité que, séparé de son école, ce puissant genie perdrait une partie de sa gloire. Il n'est pas plus que ne l'a été Dante « un météore isolé dans le ciel de l'art ». Il a des satellites presque innombrables qui font reconnaître en lui un des plus grands dans la forte race des éducateurs.

Et comme pour fixer à jamais ses enseignements, pour empêcher qu'en passant de bouche en bouche, de pinceau en pinceau, ils ne devinssent méconnaissables, parut bientôt un peintre qui en confia au parchemin la tradition. En 1347, Cennino d'Andrea Cennini écrivit un traité de la peinture. Cent ans après la mort de Giotto, il obvie aux infidélités de la mémoire, il marque les intermédiaires qui le rattachent lui-même à la pure source : Agnolo Gaddi, dont il se déclare le disciple, et Taddeo Gaddi, père d'Agnolo, fils adoptif de Giotto. A ses yeux, tout essai de réforme dans l'art ne serait guère moins condamnable qu'une hérésie religieuse : en dehors des principes établis, point de salut.

On ne dure pourtant qu'à la condition de se réformer, sinon de se transformer. C'est ainsi que les héritiers de Giotto purent pousser en avant sans qu'on leur reprochât de s'être émancipés. Tout l'honneur de cette évolution mesurée et prudente revient à Florence. L'art florentin a ce singulier mérite de rester lui-même sans rester le même, soit qu'il veuille peindre, sculpter ou bâtir. Ses œuvres ne sont ni l'antique ni le gothique. Rien n'est plus vrai que le mot de Cennino : Giotto avait ramené l'art du grec au latin et du latin au moderne. C'est par lui que Florence est la grande initiatrice. L'école romaine, qui est l'honneur du XVIe siècle et qu'on préfère à l'école florentine, fut formée par des Florentins ou par des voisins de Florence, formés eux-mêmes à Florence, par Michel-Ange ou par Raphaël. En outre, elle est stérile en tant qu'école : elle n'était rien avant ces deux modèles sans pareils, elle ne sera rien après eux. L'école florentine, au contraire, leur survit comme elle les a précédés ; elle reste accessible aux disciples, qui ont tort de la dédaigner sous prétexte qu'on a fait mieux. Ne serait-il pas sage en effet, de demander conseil aux maîtres qui procèdent des plus grands, puisque l'effrayante hardiesse ou la désespérante perfection des plus grands ne laisse pas surprendre ses secrets ?

Remarquons ici la marche si différente des belles-lettres et des beaux-arts. Dante n'a point fait école comme Giotto. Après Pétrarque et Boccace, qui se sont partagé l'héritage dantesque en le réduisant à leur taille, pour longtemps il n'y a plus rien. L'érudition prend la place vide ; l'inspiration recule devant la patience et le savoir. Quand le fleuve qui disparaît ainsi sous la terre reparaîtra au grand jour, la splendeur littéraire du XVIe siècle n'égalera point celle du XIVe : qui ne regretterait Dante, même en admirant Machiavel, et Pétrarque ou Boccace, même en lisant le Tasse ou l'Arioste ? Si Michel-Ange et Raphaël permettent encore d'admirer Giotto, du moins ils ne le laissent pas regretter. Supposons par impossible Orcagna succédant à Giotto, comme Pétrarque à Dante, on aurait vu les artistes, comme on vit les écrivains, hésiter entre deux tendances diverses, s'attarder par conséquent, au lieu d'être en progrès. C'est parce qu'une première génération de giottesques avait impérieusement tracé les voies à la seconde que celle-ci put, sans s'égarer, prendre quelques libertés.

Dans leur marche divergente, les arts eurent raison, sans que les lettres eussent tort. C'est que, des deux parts, différait la tâche à remplir. Les lettres possédaient leur langue, aux arts manquait encore la leur. Dante n'a pu que perfectionner et consacrer la sienne ; Giotto est un créateur à cet égard. Après lui on bégaye encore, mais c'est d'après lui qu'on saura parler. Quiconque ne fût devenu son disciple que pour une partie de sa doctrine le fût resté, pour l'autre, des Byzantins. Se figure-t-on unis dans le même ouvrage, le dessin de Giotto et la couleur de Byzance ou le dessin de Byzance et la couleur de Giotto ?

Ce grand pas en avant a été fait durant la période démocratique, si troublée en ses derniers jours. Bien des travaux remarquables dont on fait honneur au XVe siècle qui les termina, avaient été commandés, entrepris même au bruit des plus confuses, des plus terribles agitations (1360-1374). La peinture sans doute se ressentait trop encore des pratiques traditionnelles, le nu était trop caché par ces longs habits flottants qui dispensaient de science anatomique ; mais la magnificence des costumes, la splendeur des fêtes, dans une cité où l'on vivait hors des maisons, sous le ciel bleu et sous le soleil, fournissaient à l'imagination des aliments sans cesse renouvelés. Le nu même ne manquait pas autant qu'on paraît le croire : il y avait à Rome, et probablement ailleurs, des courses d'hommes nus comme aux anciens jeux de la Grèce, des priapées comme aux cirques de l'empire romain, et les mœurs trop libres de la population, tout à fait libidineuses des hommes de l'art, ne permettent guère d'admettre qu'ils ne vissent pas le nu plus souvent que de raison.

Sous l'oligarchie, dans le calme relatif que faisait régner l'oppression, la stagnation est manifeste. Elle tient à des causes diverses : le hasard, qui, pour lors, se montre économe de génies ; le dédain ou la négligence des savants tout entiers à leurs études philologiques et à leurs querelles dignes des héros d'Homère ; car ceux qui ont, comme Niccoli et Poggio, l'esprit assez large pour admirer simultanément les livres et les objets d'art, sont encore l'exception. La plupart ne demandent aux débris antiques, comme aux vieux manuscrits, que des témoignages sur la vie chez les anciens, et, soucieux du réel plus que du beau, l'insuffisance des renseignements plastiques leur fait bientôt détourner les yeux. De même les hommes de l'art : des leçons de l'antiquité ils ne tireraient pas plus de profit que Niccola Pisano, le premier d'entre eux. De ce point de départ, ils se sont élancés, à la suite de Giotto, vers l'observation de la nature, guide nécessaire de l'inspiration personnelle et que rien ne saurait remplacer.

Deux changements, dans cette période aride, sont seuls à signaler. D'une part, la condition de ceux qui se consacrent à la construction et à l'ornement de ces constructions. Dans la vieille Florence, être architecte, sculpteur, peintre, c'était exercer *un* art, c'est-à-dire un métier, que l'opinion ne séparait point des métiers mécaniques. Les vernisseurs, par exemple, figuraient aux livres des peintres. La différence des uns aux autres n'était que dans la durée de l'apprentissage, long d'ailleurs pour tous : douze années au XIVe siècle, selon Cennino Cennini. D'autre part, le goût croissant de tout ce qui donne l'idée ou la sensation du beau. Ce Niccolò Niccoli qui aimait tant les livres, aimait aussi les tableaux, les statues, les objets d'art de tout genre. Sa maison semblait un musée, et il l'ouvrait aux curieux, comme sa bibliothèque aux érudits. Poggio recherchait pareillement les chefs-d'œuvre antiques, surtout ceux de la sculpture, à vrai dire pour ses propres jouissances, bien plus que pour celles d'autrui. Niccolò d'Uzzano, un des meneurs de l'oligarchie, qui faisait beaucoup d'aumônes à l'église de Santa Lucia, avait voulu y avoir son portrait peint par Lorenzo de Bicci. Giovanni des Médicis, père de Cosme, commandait aussi à ce peintre des portraits pour l'ancien palais de la famille. De même les Pitti, les Pazzi contribuaient par leurs riches commandes aux progrès de l'art.

Que l'esprit maintenant recommence à souffler, il se trouvera une famille, portée lentement au-dessus des autres, dont les caisses, pleines au service d'intelligences ouvertes, se videront pour sa plus grande gloire dans les mains des artisans qui manient le compas, l'équerre, le pinceau, le ciseau, comme dans les mains de ceux qui tiennent la plume. Certes, les encouragements n'ont pas l'importance qu'on aime à leur attribuer. Les Médicis sont les protégés de l'art plus que ses bienfaiteurs. Leurs bienfaits sont subordonnés à trop de caprices ou de calculs, et même, quoi qu'on en dise, trop parcimonieux, pour que nous y voyions l'extraordinaire support des talents, qu'ils étaient, en tout cas, impuissants à susciter. Mais ce fut le bonheur des Médicis, comme l'honneur de Florence, que trois génies incomparables, formés à l'ombre de l'oligarchie, et, selon l'usage d'alors, dans la boutique de l'orfèvre, illustrèrent, par les chefs-d'œuvre de leur âge mûr, la période du principat déguisé.

BRUNELLESCHI.

Brunelleschi (1377-1446), Ghiberti (1378-1455), Donatello (1386-1468), sculpteurs d'abord, deviennent architectes, sans rester étrangers à la peinture : le xve siècle ne séparait point les diverses branches ; il fallait être universel. Ce n'en est pas moins la sculpture qui, pour la seconde fois, va régénérer l'art, et encore par l'étude de l'antique, car l'irrésistible courant entraîne tout le monde, relègue au second plan l'art chrétien. On continue sans doute de bâtir, d'orner des églises, et c'est de nouveau se tromper sur les Médicis que de prétendre qu'ils voulaient détourner les cœurs d'une religion coutumière d'imposer la soumission aux pieds des puissants; mais des églises, il y en avait à tous les coins de rue. Ce dont manquaient les Florentins, ce qu'il fallait édifier, c'étaient des palais, et ce qu'y voulaient pour ornements les propriétaires, ce n'étaient pas des scènes de piété, c'étaient des chasses, des joutes, des aventures amoureuses ou mythologiques, qui rappelassent l'art ancien, trop longtemps oublié pour ne pas paraître la vraie nouveauté.

L'éducation des apprentis par l'orfèvrerie explique la similitude des talents et des procédés. L'orfèvrerie, depuis longtemps en faveur à Florence, parce que les riches particuliers ne s'y comptaient plus, fournissait à leur goût naturel et déjà exercé de la vaisselle, des armes, des piliers de lit, des revêtements de cheminées, des incrustations de buffets, des coffres surtout et des coffrets, mille autres menus objets d'ornement. En maniant le stuc, le bois, le marbre, les métaux précieux, les pierres fines, l'apprenti orfèvre s'habituait à accentuer les saillies, les délicates nervures. Devenu plus tard sculpteur ou peintre, il se trouva préparé à faire sentir les muscles, quand la science de l'anatomie le permit, et à conduire l'art dans ces voies de la réalité qui sont les bonnes, quand on ne s'y pousse pas jusqu'à l'excès judicieusement condamné sous le nom de réalisme.

Après s'être formé la main et le goût chez l'orfèvre, l'esprit dans les conférences philosophiques où s'agitaient les doctrines dantesques; après avoir compris à Rome, dans l'étude des vieux édifices, plus nombreux alors que de nos jours et même que du temps de Léon X, les raisons de leur forme et de leur solidité, les divers systèmes de construction, les procédés pour mettre en œuvre les matériaux, Brunelleschi reçut mission de continuer cette œuvre gigantesque de Santa Maria del Fiore, entreprise jadis par Arnolfo del Cambio, et que Michel-Ange, dans Saint-Pierre de Rome, a pu seul égaler. Si, pour imiter l'antique, il emprunte au Panthéon la coupole en la doublant, en y substituant l'ogive au plein cintre, en augmentant ainsi la solidité des voûtes, il dépasse ses modèles et se montre

Cathédrale de Santa Maria del Fiore.

original. Rigoureux observateur des justes proportions, il réduit les ornements à n'être que l'accessoire : il s'en sert principalement pour accuser les saillies et les divisions. Payé à raison de trois florins par mois durant quatorze années, il conduisit à bonne fin cette œuvre, dont les gens du métier contestaient avec passion la solidité possible, même la possibilité. Le temps a répondu, et le chef-d'œuvre est debout encore, jeune comme au premier jour. Michel-Ange, de son coup d'œil d'aigle, avait jugé dès lors qu'on ne pouvait faire mieux.

Dans l'étude de ses modèles et dans la pratique de son art, Brunelleschi avait perdu ce que d'aucuns appellent le sentiment religieux, et qui est la tradition hiératique des vieux âges. Ses églises et ses palais sont, de propos délibéré, des reproductions de l'antique. Mais il a, comme Giotto, le goût des formes naturelles, et il sait choisir : il aime le simple et le beau dans le grand. Ne reprochait-il pas à Donatello ce Christ « qui n'était qu'un villain »? Mis au défi de faire mieux, il réduisit son rival à s'avouer vaincu. Il a, on l'a dit, la tête dans les cieux; mais ses pieds, fort heureusement, touchent la terre. En améliorant les pratiques de l'art, il le pousse vers la vérité des choses, et c'est par là, c'est en bâtissant des églises qui sont des temples, qu'il a encouru, comme tant d'autres, le reproche d'être païen. Ce reproche, assurément fondé, les dévots, qui le réservent au XVe siècle, devraient bien l'étendre au XIVe, dont les mœurs n'étaient ni plus pieuses ni plus chastes, et où le sentiment religieux n'avait guère plus de pureté. Les princes du XIVe siècle, et les papes aussi, en leur palais d'Avignon, goûtaient, à l'égal des Médicis, ces fameuses nudités mythologiques qu'on accuse d'avoir perdu l'art chrétien. Toute la différence d'un siècle à l'autre fut que les commandes en ce genre ne devinrent très nombreuses qu'à la longue, et que, même après l'être devenues, elles n'exclurent jamais celles d'un genre grave et religieux, dont une mode persistante demandait l'exécution au licencieux Lippi, comme elle les avait demandées à l'humeur gaie et profane de Giotto. Ce n'est pas le moindre mérite de Brunelleschi d'avoir su garder, quoique l'art fût son gagne-pain, cette fière indépendance qui agrandit tout ce qu'elle touche.

On n'en saurait dire autant de Ghiberti. Entre eux la comparaison n'est point aisée. Inférieur dans l'architecture, c'est uniquement dans la sculpture que Ghiberti montre tout ce qu'il vaut. Encore son talent, moins affranchi des pratiques de l'orfèvre, était-il plus propre aux petites figures qu'aux grandes, car il excellait surtout par le fini du travail. Ne le cherchons pas ailleurs que dans ses deux mémorables portes du Baptistère : il y est tout entier. Voulant imiter celle qu'Andrea Pisano avait exécutée pour le même monument selon les principes de l'école byzantine, de l'école italienne primitive, — peu de détails, de simples indications, — il y apporta ses instincts de peintre et chercha d'abord l'effet dans l'action plus que dans la perfection. Il se restreignit à un petit nombre de figures qui se détachent nettement. Mais le succès de cette seconde porte lui ayant assuré la commande d'une troisième, il fit venir à grands frais de nombreux fragments grecs. Aussitôt ses yeux s'ouvrirent à une lumière nouvelle : il rechercha l'effet plastique et se flatta de l'atteindre, cette fois en ne laissant rien d'inachevé, en poussant le soin du détail jusqu'à la minutie, et surtout au moyen de cette perspective qui déjà s'introduisait dans la peinture et qu'il crut propre aussi à la sculpture. Ces petits carrés de la troi-

GHIBERTI.

sième porte sont autant de tableaux en relief, innovation qui n'a produit que ce chef-d'œuvre. Les deux branches de l'art ont chacune son domaine, elles ne gagnent pas à empiéter.

Ghiberti s'obstina dans ce système, trop nouveau pour ne pas plaire. Il lui dut la popularité qu'il méritait par des titres plus solides. S'il n'est pas le chef de cette grande école qui ne croit pas déroger en regardant la nature, du moins il marque le point de départ. De sa boutique, — le mot d'atelier en français est moderne, — sont sortis les maîtres qui ont pris la tête du mouvement : dans la sculpture Donatello, dans la peinture Uccello et Masolino. Ils feront ce qu'il n'a jamais fait, des œuvres entièrement profanes, quelquefois avec de nobles aspirations vers l'idéal.

Le troisième par l'âge dans cette trinité admirable, si huit ans d'écart pouvaient entrer en ligne de compte, mais le premier par son action, c'est Donato, plus communément appelé Donatello. N'étant pas plus architecte que Ghiberti, il échappe comme lui à toute comparaison rigoureuse avec Brunelleschi, quoiqu'il l'eût suivi à Rome: dans la Ville éternelle, les œuvres de la décadence romaine n'avaient point développé en lui le sens du beau, dont aurait eu besoin son rude et fort génie pour discerner ce qui, dans la nature, mérite d'être reproduit. Il sentait bien sa faiblesse comme sa force, lui qui disait à Brunelleschi : « A toi les christs, à moi les paysans. » Son culte pour la nature n'en était pas moins un premier et grand pas dans les voies de la Renaissance, car il faut connaître le prix des choses réelles avant de faire un choix.

Rien ne frappant les imaginations autant que la hardiesse, ce hardi statuaire devint aisément le favori du public, et par suite les Médicis, échos plutôt que guides, s'éprirent de lui. C'est sous sa direction que Cosme commença cette collection de sculptures antiques, noyau de la belle galerie qu'on estimait, à sa mort, vingt-huit mille florins. C'est par lui surtout qu'il faisait orner ses palais et ses villas, si bien que Donatello,

PORTE DU BAPTISTÈRE, PAR GHIBERTI.

sollicité d'autres travaux hors de Florence, ne put se résoudre à s'éloigner. Recommandé par Cosme à son fils, il devint le familier de celui-ci. Quoiqu'il ait peu d'élèves directs, sa méthode prévaut jusqu'en ses excès, durant tout le siècle, et, au siècle suivant, il a cette glorieuse chance d'être continué par Michel-Ange, sans lui paraître sensiblement inférieur. Dans une collection de dessins de ces deux génies, Vincenzo Borghini a écrit en grec ces paroles : « Ou Donatello fait du Buonarroti ou Buonarroti du Donatello. »

DONATELLO.

Ces trois initiateurs si divers trouvèrent, de leur temps même, un continuateur habile et sage qui réunit en soi leurs mérites, tout en restant fort au-dessous d'eux. Disciple de Ghiberti, Michelozzo Michelozzi (1396?-1472) associe son ciseau plus calme à celui de Donatello, et il finit par se consacrer à l'architecture, champ plus vaste de travail, où il trouve pour modèle Brunelleschi. Il en porte la saisissante réforme en Ombrie, en Lombardie et jusqu'à Venise, où il avait suivi Cosme exilé. A Michelozzi bien plus qu'aux trois autres, bien plus qu'à Donatello lui-même, les préférences. Ce sont ses plans que Cosme adopte, moins parce qu'ils sont plus modestes que parce qu'ils sont plus promptement exécutés. L'épicurien qui a fait la commande veut jouir. C'est pour lui-même qu'il construit à la ville et aux champs. Il n'a guère cure qu'en paroles de ses arrière-neveux.

Au demeurant, cette faveur, si marquée et si constante, n'était point mal placée. Grâce à Michelozzi, nous pouvons noter

Palais Pitti.

un pas manifeste du grand art de l'architecture. Dans un siècle où le goût public se plaisait aux édifices laissant une impression de force, tels que les palais Pitti, Riccardi et Strozzi, il introduit aux siens la belle et variée ordonnance de l'art antique, il en superpose les ordres élégants sans s'y asservir, sans donner moins de soin à la solidité de l'ensemble, aux commodes distributions de l'intérieur, ce besoin tout moderne. En même

PALAIS STROZZI.

temps qu'il fixe, au moins pour une certaine durée, l'architecture domestique et laïque, il se rend cher au clergé par la construction de couvents aussi habitables que ses maisons et ses palais, et c'est sur l'ordre du païen Cosmo qu'il les construit.

De cet art nouveau ou renouvelé Leone Battista Alberti (1404-1472) est le théoricien. Il prêche de précepte en même temps que d'exemple, sans que son traité *De re ædificatoria* ait fait oublier bien des ouvrages plastiques où la naïveté de son inspiration et la finesse de sa main prennent un caractère presque original. Mais ce Florentin fit peu pour Florence. Il alla vivre et travailler hors de la Toscane, car il ne put s'y faire pardonner d'être le petit-fils d'un citoyen qui avait dressé sa fière indépendance devant la tyrannie oligarchique des Albizzi. Bon chien chasse de race, pensait le chef triomphant des Médicis. La disgrâce de ce pacifique et universel génie n'est pas à son honneur.

A l'exemple de Michelozzo dans l'architecture, Luca della Robbia (1400-1482) aurait pu continuer dans la sculpture la grande tradition de leurs trois maîtres, lutter peut-être avec eux, si, après avoir montré sur le bronze la vivacité gracieuse de sa jeunesse, il n'avait mieux aimé devenir chef d'école en créant une nouvelle branche de l'art. Dans sa carrière d'inventeur il est encore tributaire de Ghiberti. La sculpture picturale des portes du baptistère l'amène à ces œuvres en terre cuite qu'il coloriait, sorte de compromis entre la sculpture vraie et l'ancienne peinture en émail. Son but était d'assurer la décoration des édifices par des œuvres durables, et il l'atteignit pleinement. Ce n'est là, reconnaissons-le, qu'un art secondaire, car sans toucher à la question controversée de la polychromie, la terre pétrifiée, nécessairement recouverte d'un vernis contre les injures de l'air, ne laisse point paraître les finesses du travail ; mais rien n'est plus propre à l'ornement. L'imitation de la nature y arrive jusqu'au trompe-l'œil, et c'est merveille de voir comment, dans des conditions très difficiles, le dessin correct de Luca, un peu froid comme celui

LUCA DELLA ROBBIA.

de Ghiberti, son modelé ferme et savant comme celui de la plupart des Florentins, parviennent à l'expression la plus vraie, la plus gracieuse, la moins maniérée. Il excelle, en un mot, au style monumental.

Ce n'est pas lui, c'est son école qui, exagérant son système, eut le tort de rivaliser avec la peinture. Et toutefois, quand ses frères ou son neveu travaillent à ses côtés, on ne distingue pas toujours ce qui appartient à chacun dans leur œuvre commune. Très répandu au XVIe siècle, cet art qui donnera à la France Léonard Limosin, Pierre Courtois, Bernard de Palissy, est d'ordre inférieur sans doute, mais il tient sa place et il méritait une mention.

Sous le magnifique Lorenzo, la décadence de la sculpture est sensible, et plus encore celle de l'architecture. Pour plaire à qui paye et pour gagner davantage, architectes et sculpteurs s'attachent à produire vite et beaucoup, sans un suffisant effort. D'autre part, si Lorenzo fit quelques commandes, il n'encouragea point toujours les grandes et utiles constructions. Ainsi, entr'autres, la décoration de cette belle cathédrale qu'Arnolfo de Cambio et Brunelleschi n'avaient pu terminer, qui restait sans façade comme Santa Croce, et où l'éternel vis-à-vis du Baptistère rendait plus choquante cette laideur. Lorenzo fit ajourner l'exécution des projets à lui proposés, si bien qu'ils ne l'ont reçue, modifiés par le goût des générations subséquentes, que de nos jours.

Ses théories sur l'art sont, en outre, fort loin de mériter l'approbation. Il professait cette doctrine, assez singulière chez un homme issu d'une race de marchands, et, dans une certaine mesure, marchand lui-même, que les gens de sang noble peuvent seuls mener toutes choses à leur perfection, parce qu'ils ont seuls le loisir d'exercer leur esprit. Des maîtres de basse extraction lui donnaient-ils tort, Léonard de Vinci, par exemple ? il les méconnaissait. Quel dédain des gens de peu et tout ensemble quel médiocre jugement en ces matières ne fallait-il pas pour se priver des services d'un tel génie! L'obstination de Lorenzo à cet égard est d'autant plus

LE BAPTISTÈRE.

choquante qu'à l'entendre, — et il se trompait, — en trop petit nombre dans son temps étaient les sculpteurs au regard des peintres en renom.

C'est surtout chez les peintres que nous voyons à quel point l'étude de la nature prit alors les devants sur l'étude de l'antique et fut avec excès la règle de toute une génération. L'excès seul, c'est-à-dire le dédain de tout choix, paraissait être une nouveauté. Un vieux praticien dont on ne parle guère marque la transition, est comme l'anneau oublié d'une chaîne qui paraît rompue sans l'être, car en rien, on le sait, la nature ne fait de sauts.

Ce praticien, c'est Giuliano d'Arrigo, dit Pesello (1367-1466). En 1390, il travaillait avec Agnolo Gaddi. En 1420, il était nommé substitut de Brunelleschi, pour le cas où celui-ci viendrait soit à mourir, soit à renoncer. Son nom n'apparaît au livre des peintres qu'en 1424, et il vécut assez pour obtenir les faveurs de Cosme devenu puissant. Chez lui et aussi chez son petit-fils Francesco, dit Pesellino (1422-1457), on trouve trace de la transformation qu'allaient accomplir après eux et même à côté d'eux des hommes plus jeunes et supérieurs par le talent. Ces portraits que le goût du temps introduira dans toutes les peintures, ils sont déjà dans celles des Peselli, et c'est une preuve qu'ils ont substitué l'imitation de la nature aux fantaisies nobles, mais moins étudiées, de l'âge précédent. Ainsi ce sont des giottesques qui produisent les premiers, au xve siècle, quoique timidement et sans génie, cette innovation capitale d'arrêter les regards sur le réel. Vienne ensuite le génie pour inspirer et conduire la hardiesse, l'art en paraîtra rajeuni et comme régénéré.

Le premier grand pas, après les Peselli, l'art le doit à Masolino de Panicale (1383-1447). Ce ne fut pas, à vrai dire, sans une perte sensible : Masolino néglige les grandes lois de la composition, qu'observaient les giottesques. Moins varié qu'eux, il ne s'attache pas comme eux à grouper les figures ; mais il a moins de sécheresse et de crudité. A la réalité sans choix, conquête de ses devanciers immédiats, il ajoute le clair-obscur, sa conquête à lui, une vraie révolution. Il y ajoute la perspective, l'entente du relief, du mouvement, des raccourcis, de l'expression, de la pureté classique. Tous ces mérites, il les doit aux modèles de Ghiberti et à ceux qu'il admira dans un voyage à Rome. Était-il coloriste ? On ne sait, car ses couleurs sont effacées ; mais ses disciples Starnina et Parri Spinelli passent pour l'être. Il a, en outre, une douce harmonie de tons, avec de hardis contrastes d'ombre et de lumière, en quoi il est comme un précurseur de Léonard, de Giorgione, de Caravage, de Titien.

Un zèle ardent pour cette perspective à laquelle Masolino donnait son attention après Brunelleschi et Ghiberti, suffit à transformer en initiateur Paolo de Dono, simple « garçon de boutique », surnommé Uccello parce qu'il excellait à peindre les oiseaux (1397-1475). Il sut voir dans la perspective la réforme du dessin qui, pour lui comme pour les Grecs, était le principal de l'art, la proscription de ces figures fixes, mornes, glacées, de ces membres grêles et inertes, de ces pieds battant dans le vide dont aucun peintre, jusqu'alors, n'avait osé s'affranchir. Lui, pour parler exactement, il n'est pas un peintre, c'est un savant qui peint. Ses contemporains eux-mêmes n'étaient que médiocrement satisfaits de ses œuvres ; au besoin, ils les lui faisaient recommencer. Mais c'était un enivrement de voir la perspective appliquée aux fonds, aux figures, aux raccourcis, de voir fuir un fossé, une allée, les sillons d'un champ labouré, de mesurer la distance entre deux personnages, de comprendre comment pouvait paraître si petit un homme couché les pieds en avant. Personne ne voulait plus ni hiéroglyphes ni symboles. Tous exigeaient que la forme vînt en aide à l'idée. L'opinion enfin s'accréditait qu'il faut reproduire la nature, et qu'embellir comme enlaidir la vie, c'est la falsifier.

D'autres, auprès d'Uccello, marchent dans la même voie, et simultanément acclimatent à Florence la peinture à l'huile, préférable aux anciens procédés pour assurer la durée aux œuvres. Domenico de Venise et Andrea del Castagno répandent l'usage du nouveau procédé, connu, du reste, dès le XIVe siècle, sur les bords de l'Arno. Tout Vénitien qu'il est, Domenico peut être rangé dans l'école florentine. Cosme goûtait fort son talent. Quant à Andrea qui, pour plaire aux Médicis vainqueurs, peignait pendus par les pieds les chefs vaincus de l'oligarchie, il excellait à cet art du portrait qui nous a conservé dans des scènes de l'antiquité et du moyen âge tant de physionomies florentines de la Renaissance. Qu'importe si elles nous paraissent grimaçantes et rudes, si le dessin en est irrégulier et le coloris trop livide pour être humain? Andrea del Castagno n'en est pas moins un des anneaux de la chaîne. Il tient de Pesellino par ces visages qui touchent à la caricature, de Donatello par la force, d'Uccello par la perspective et par la hardiesse des raccourcis. En somme, il a étudié la nature, il a du style et il est chef d'école.

Constatons seulement que son école est déjà la décadence. Elle abusera bientôt du réalisme; elle l'abaissera plus que n'avait fait Uccello ; elle ignorera l'art de transformer les corps réels en beaux corps par les variétés du mouvement, par les courbes gracieuses, par les proportions idéales; elle représentera l'homme si bosselé de muscles que Léonard le déclare semblable, dans ces peintures, à un sac de noix. Mais elle montrera du moins une connaissance des muscles étrangère à Giotto et l'art d'attacher solidement les membres à des troncs bien établis. A côté d'Andrea del Castagno, des maîtres plus grands que lui, et de beaucoup, peuvent donner des leçons préférables aux siennes ; les siennes ont cet avantage d'être plus faciles à suivre. C'est par là qu'il endoctrine Andrea del Verrocchio et les Pollajuoli, après cet Alesso Baldovinetti qui, dans son réalisme sec et cru, fait ressortir les moindres mousses sur les pierres, les nuances diverses de verdure sur les deux côtés des feuilles, les grosses mains, les larges pieds des paysans. Art inférieur sans aucun doute; mais comment en parler avec dédain, puisque Baldovinetti fut le maître de Ghirlandajo, qui le devint de Michel-Ange?

Parallèlement, et comme par contraste, le vieil art hiératique renouvelé de Byzance trouvait au fond des cloîtres un inopiné regain de fortune. Les chefs des ordres religieux aimaient à avoir sous la main des peintres domestiques pour enluminer leurs livres de chœur et leurs missels, pour décorer les murailles nues de leurs couvents et de leurs églises. Ils essayaient leurs moines à ce travail et y consacraient les mieux doués. Ces enlumineurs sous le froc reproduisaient les miniatures de leurs sacrés manuscrits. Ils en imitaient les procédés naïfs et gauches, les couleurs claires et brillantes. Que le hasard donne talent ou génie à quelqu'un d'entr'eux, et l'on aura la miniature agrandie, perfectionnée, mais toujours reconnaissable. En cessant d'être hideux, cet art est resté florentin.

ANDREA DEL CASTAGNO.

On y veut voir une école nouvelle, l'école « mystique », pour l'opposer à l'école « réaliste » ou « naturaliste ». Les mystiques, en peinture, sont une mystification. Ils se proposent, prétend-on, de représenter l'invisible. Comme si l'objet de la peinture, Poussin l'a dit, n'était pas de représenter le visible ! Point d'école, d'ailleurs, sans disciples groupés autour d'un maître, s'attachant à ses enseignements, reproduisant ses exemples. C'est justement ce qu'on trouve à Florence parmi les « réalistes ». Mais des « mystiques », on en a trouvé partout, dont plus d'un antérieur à ses prétendus maîtres : pure affaire de sentiment personnel ou même de métier. Les « réalistes », quand ils ont reçu commande d'un tableau de piété, lui savent tout aussi bien que d'autres donner une tournure religieuse, sauf qu'ils ne se croient pas tenus de peindre les hommes laids. Ils se rappellent l'immortel Brunelleschi qui a osé faire le Christ beau.

FRA ANGELICO.

Le miniaturiste de talent se trouva, pour devenir le rénovateur de cet art hiératique humanisé. Il était de Fiesole, s'appelait Guido, prenait en religion le nom de Fra Giovanni, et recevait après sa mort, peut-être même auparavant, celui de Fra Angelico, Fra Beato Angelico (1387-1455). A peine tient-il un pinceau qu'il a fixé sa manière. Il l'élargit plus tard sans y renoncer, quand Florence s'étant déclarée pour Alexandre V contre Grégoire XII, l'exode de son couvent le porte au sanctuaire d'Assise, en face des fresques de Stefano et de Giottino. Peintre des élus du paradis dantesque, plus que des réprouvés et des bourreaux dont les traits ont chez lui de la douceur, comment pourrait-il se vouloir modifier, si Dieu, comme il en est convaincu, dirige sa main? Mais ce paradis qu'il devait, selon Michel-Ange, avoir visité avec permission d'y choisir ses modèles, il le peuple de saints tels qu'ils les voit dans son imagination, aussi peu semblables que possible à ses contemporains perfides et corrompus.

De retour à Fiesole (1418), puis établi à Florence, au couvent de San Marco (1436) avec les autres dominicains ses frères, on voit bien que tout en restant miniaturiste il est devenu giottesque. Comme les giottesques, négligent et incorrect quand il figure les extrémités du corps humain, il sait comme eux couvrir avec aisance de vastes espaces. Il s'éclaire de Giotto et il épure Orcagna. Cet ascète qui ne prend pas son pinceau sans murmurer une prière, qui ne peint pas un christ sans que son visage se couvre de larmes, cherche et trouve dans la nature ces modèles vivants et suaves qu'il nous a transmis en les corrigeant. Il tient donc tout ensemble et des giottesques de la veille et des naturalistes du jour. Il rappelle Masolino, tout en lui étant fort supérieur. Comment ne le serait-il pas s'il soutient la comparaison avec les plus grands génies? Au Vatican, où Michel-Ange l'emporte par la force et Raphaël par la grâce, Angelico est sans rival pour le sentiment religieux. Les Médicis qui ne pouvaient faire cette comparaison instructive, eurent du moins le mérite, malgré leur goût pour le naturalisme, de ne pas méconnaître cet idéaliste et de le protéger.

MASACCIO.

S'ils étaient les naturalistes exclusifs qu'on prétend, ils n'auraient pas négligé Masaccio, dont la trop courte vie (1401-

1428) les vit sinon au faîte, du moins assez riches pour marquer efficacement leurs préférences. Ce provincial de San Giovanni au val d'Arno fait la réforme matérielle de l'art, comme Cimabue et Giotto en ont fait la réforme morale. Mettant la pratique à la hauteur de l'intention, il transforme les procédés pour mieux atteindre le but, qui est le retour à la nature. Il n'est pas un novateur, il est un collecteur, il s'approprie les conquêtes de ses devanciers : il prend de Masolino la tendresse mélancolique, de Brunelleschi ce sens rare et exquis de représenter les choses comme elles sont d'ordinaire et non par exception, d'Uccello les lois de la perspective. Mais comme il est un collecteur de génie, il fait de tout ce qu'il combine un ensemble harmonieux, et il pousse en avant, il accomplit un progrès. Sa perspective, à lui, combine savamment les lignes avec le jeu de la lumière et fait merveilleusement ressortir les raccourcis, les colonnades qui se perdent dans le lointain. Ses personnages baignent dans l'atmosphère qu'Uccello avant lui, ne sait pas, que Mantegna après lui ne saura point rendre. Dans l'art déjà moins roide et plus familier, il introduit le mouvement, la vie.

Et ce progrès notable, il l'accomplit en s'appuyant plus et mieux que personne au passé : il se rattache à Giottino, c'est-à-dire aux principes de Giotto. Giottesque par la transparence du coloris, comme par une médiocre intelligence des détails de la forme, il dépasse les disciples et le maître même par l'heureuse combinaison de la lumière et des ombres, par un choix judicieux entre les modèles que fournit la nature, par un tact délicat pour supprimer ou subordonner l'accessoire, par les moyens qu'il a trouvés d'indiquer les proportions, les distances, la gradation des plans rapprochés ou lointains, et derrière les couleurs de la surface, la profondeur et la plénitude, la chair et les os. Dessinateur d'un grand style et coloriste magique, il a du peintre les deux qualités suprêmes. Il continue Giotto avec l'énergie et l'audace d'un Donatello exempt d'exagération. Lui-même, il trouvera des continuateurs dans Andrea del Sarto et Correggio. Pour rendre solide cette chaîne, Masaccio, après Giotto et Orcagna, est assurément celui qui a fait le plus. D'autres génies viendront, plus grands que le sien; mais le pas est bien plus marqué de Giotto à Masaccio, que de Masaccio à Raphaël : de Giotto vient la renaissance de la peinture, et de Masaccio, son pas le plus décisif vers la perfection. Celui-ci est peut-être moindre que celui-là, et cependant il fait mieux, semblable à l'homme dont parle Pascal, qui, perché sur les épaules d'autrui, voit plus loin.

On a beaucoup dit que Masaccio fut un précurseur méconnu pendant un demi-siècle. Rien n'est moins exact. Leone Battista Alberti mettait déjà cet étonnant génie d'éphèbe au rang de Brunelleschi, de Ghiberti, de Donatello, de Luca della Robbia. Quand fut ouverte dans l'église *del Carmine* cette chapelle des Brancacci qu'il avait décorée en grande partie, la sensation fut profonde, les fresques d'Angelico furent abandonnées, et Angelico lui-même, dans la candeur de sa belle âme, suivit le torrent, vint se mettre à l'école de son jeune rival et rapporta de cette étude, pour ses œuvres nouvelles, plus de vivacité, de fierté, de grandeur. Giottesques tous les deux, chacun dans sa direction, supérieurs aux giottesques par l'inspiration ou les procédés, si l'on pouvait les fondre ensemble on aurait Giotto tel que l'on conçoit qu'il eût été, vivant au xve siècle. Mais il y a entre eux cette différence qui importe à l'histoire florentine, qu'Angelico n'aura de disciples que sur le sol de l'Ombrie, des disciples qui tiennent encore peu de place dans les annales de l'art, tandis que tous les bons peintres ultérieurs, dont le talent se forme et s'épanouit à Florence, procèdent de Masaccio, de sa mémorable chapelle, le plus glorieux monument de la peinture italienne jusqu'aux *Stanze* de Raphaël, et, pour tout dire, le chef-d'œuvre qui fait définitivement entrer dans l'art religieux le sentiment du vrai, le sentiment de l'humain.

Des successsurs immédiats de Masaccio, bien peu ont accompli un nouveau progrès. Filippo Lippi (1406?-1469), qui n'a pu être son disciple, mais qui passait pour avoir incarné son âme, élargit sa manière et plaît tant, à l'esprit comme à l'œil, que, pour ne pas exagérer son mérite, on doit dire qu'il en eut moins à améliorer un art déjà excellent que Masaccio à en réformer un encore très défectueux. Carme défroqué, ardent au plaisir, décrié dans sa vie, il n'en retrace pas moins, à lui seul, plus de sujets religieux que tous les autres peintres florentins ensemble, preuve manifeste que le paganisme de la Renaissance n'excluait point le goût des peintures pieuses. Inférieur à Lippi, Benozzo Gozzoli (1424-1485?) compte encore pourtant dans l'histoire de l'art. Après avoir suivi Angelico à Rome, il prend le vent et se rattache à Masaccio : c'est aux « réalistes » que les Médicis donnent à orner les murailles de leur palais et celles du *Campo Santo* de Pise. Trop prodigue de détails, mais habile à inventer et à composer, Benozzo prospère sous Cosme, meurt presque de faim sous Piero de Cosme, trouve dans Lorenzo de Piero un nourricier moins parcimonieux et devient alors un grand excitateur.

Depuis Masaccio la décadence est sensible et continue. Elle n'est que passagère, puisque le XVIe siècle est proche; mais en la dénonçant on se demande si le troisième des Médicis n'en fut pas quelque peu la cause. En matière d'art, loin d'être pratiquant, comme dans les lettres, il n'est tout au plus qu'un *dilettante*. Sa faveur s'égarait ou avait ses dangers : pour plaire aux mécènes et gagner davantage, on produit beaucoup, sans un patient travail. En vain, dans une disette de peintres alors sensible, chercherait-on ce double idéalisme qui suppose des esprits élevés, plus portés vers le beau que vers l'intérêt. Les réalistes à outrance tiennent le haut du pavé. Elèves d'un orfèvre, leur père, Antonio et Piero del Pollajuolo ont pris à son école le goût des menus détails où les pousse Lorenzo, dont les louera plus tard Vasari. Mais pour mieux étudier le nu, ils écorchent des cadavres, ils acquièrent ainsi la science et la vie, continuant Andrea del Castagno, sans le faire regretter.

Andrea del Verrocchio (1432-1488) les continue eux-mêmes, unissant comme eux la science à l'art et formant à cette heureuse alliance Léonard de Vinci, son disciple, son principal titre de gloire. On peut lui pardonner d'avoir trop imité le bronze et cru fixer la vie quand il moulait une tête de mourant ou de mort : de bons juges ont pu lui attribuer des dessins que d'autres attribuent à Léonard. C'est grâce à lui que Léonard connut les lois anatomiques et acquit une sûreté de touche, une finesse, une profondeur d'expression inconnues jusqu'à lui.

Domenico Ghirlandajo.

On voit donc par où l'art échappera à la tyrannie du réalisme issu de Masaccio. Deux courants sont visibles : l'héritage des Alexandre se partage toujours. Ici Cosimo Rosselli, banal d'inspiration, lourd d'exécution dans sa touche vigoureuse, le plus médiocre des décorateurs de la chapelle Sixtine. Sandro Botticelli et Filippino Lippi ne permettent, comme Rosselli, que de constater ce que l'art a perdu. Là, après Filippo Lippi qui a su conserver au réel le mouvement et l'expression, Domenico, surnommé Ghirlandajo (1449-1494), esprit juste et vigoureux, capable de créer, convaincu que toute création doit s'appuyer au passé. Formé lui aussi chez l'orfèvre, il remonte à Giotto, pour retrouver le secret des grandes lois de la composition, et, en les observant, il parvient à cette unité si sensiblement absente chez ses rivaux. S'il reste inférieur à Giotto, il en reprend la tradition interrompue, et la perfectionne même à l'aide des progrès accomplis, des proportions, de la lumière et de l'ombre, du clair obscur, de la perspective qui, sous son pinceau, de linéaire devient aérienne, suprême victoire qu'eût à remporter la technique de la peinture.

Par surcroît, il a appris de Masaccio la dignité, l'union du vrai et du beau. Comme Masaccio il est un collecteur original, espèce rare. S'il n'a pas les coups d'aîle de Masaccio, ni même l'éclat de Lippi, son charme n'en est pas moins irrésistible. Ses fresques à la détrempe font admirer tout ensemble la noblesse de la composition et de nombreux portraits historiques, vivants et variés. Il excelle surtout, en prenant de l'âge, dans cet art tempéré, mais viril, qui est celui des Florentins. Un seul y a réussi mieux que lui, et c'est Michel-Ange, qui fut son élève.

Ghirlandajo vivait et régnait encore quand éclata, vers 1480, la réaction tôt ou tard inévitable du sentiment religieux. Dans les églises, qui continuaient d'être les principaux lieux de réunions, tout aussi bien profanes que sacrées, les peintres multipliaient les fresques sur commandes des riches *popolani*, jaloux d'attirer l'attention, et des Médicis bien aises de rappeler leurs traits à des concitoyens en passe de devenir sujets. Sur des murailles bénites s'étalaient donc des personnages modernes dans des scènes antiques, des sujets païens, des sujets chrétiens traités à la païenne. Rome n'en était point choquée : Bembo, secrétaire d'un pape et futur cardinal, parlait du « héros Jésus-Christ » et de la « déesse Vierge », et le ciseau d'un Philarète sculptait les amours de Jupiter et de Léda sur les portes même du Vatican.

La réaction éclata quand furent emportés par la mort les

trois ou quatre peintres naturalistes que l'admiration publique avait investis d'une autorité sans contrôle. L'ébranlement des esprits apparaît déjà dans Botticelli et Rosselli, imitateurs d'Angelico autant que d'Andrea del Castagno, dans Ghirlandajo qui, sans être idéaliste, ne s'abandonne pas aux entraînements du réalisme païen, dans les œuvres du Pérugin, nourri par Piero de la Francesca aux préceptes de l'école florentine, disciple, à Florence, d'Andrea del Verrocchio, bientôt le peintre favori des couvents. Force gens, dans cette ville sceptique et gouailleuse, vivaient encore sous l'influence des moines et des clercs, y partageaient leur indignation contre les obscénités de l'art et même contre ses nudités. Sur la porte d'un propriétaire de libre esprit, des voisins trop fervents dégradaient, détruisaient une Charité d'Andrea del Castagno, parce qu'elle était sans vêtements. Subirent les mêmes outrages certaines fresques de Santa Croce où il avait représenté, avec une crudité choquante pour la piété populaire, plusieurs scènes de la Passion. Les têtes, les bras des Juifs disparurent. « Il semblait, dit Vasari, qu'on vengeât ainsi Notre-Seigneur. »

Savonarole généralisa l'explosion de ces sentiments, non sans infliger à l'art, quand il fut le maître, de cruelles blessures. La brutalité dans la réaction était d'autant moins nécessaire qu'elle fut inutile. C'est sous Cosme, et non plus tard, que l'art chrétien, parvenu à son apogée, était entré dans l'ère de décadence. Le faire revenir sur ses pas n'était point au pouvoir du rénovateur dominicain. Vainement prêchait-il que la beauté vient des proportions et que les proportions viennent de l'âme : lui-même il n'était pas tout à fait exempt de la contagion du réalisme, quand il blâmait les peintres de parer splendidement la vierge Marie, « qui allait vêtue pauvrement ». Ce qu'il voulait, au fond, c'est que l'art, pas plus que la poésie, ne contrariât sa réforme morale. S'il y réussit pendant quelques jours, au prix de deux autodafé, après sa mort tragique ceux de ses fidèles qui tenaient le pinceau ou le ciseau ne furent point ramenés par leur foi tenace aux traditions chrétiennes.

La peinture pourtant subsiste encore à Florence, et brille même d'un éclat nouveau, alors que les architectes, ne pouvant plus compter sur la manne des Médicis bannis, vont chercher en des villes moins troublées l'emploi lucratif de leurs médiocres talents. Mais c'est uniquement parce que la nature a ses caprices et qu'elle fit naître en ces temps-là, sur les bords de l'Arno, Léonard de Vinci et Fra Bartolommeo della Porta.

LÉONARD DE VINCI.

Ingénieur, architecte, sculpteur et peintre, Léonard (1452-1519) crée une théorie précise de l'anatomie, il a le sentiment raisonné des lois assignées aux contours, il montre le sens du réel par la fermeté de ses lignes, il y joint la naïveté primitive des peintures religieuses et surtout de nobles aspirations vers l'idéal. Il met le sceau à cet art essentiellement florentin des Peselli, des Uccello, des Pollajuoli, mais avec une originalité qui leur manque. Par un travail assidu il unit en soi, privilège unique, la force et la grâce. On pourrait presque dire qu'il est à lui seul Michel-Ange et Raphaël; tout au moins a-t-il plus de grâce que l'un et de force que l'autre. Génie prestigieux qui ne connut jamais la décadence et ne commit d'autre faute que de s'éparpiller un peu trop, merveilleux peintre des perspectives vaporeuses, remarquable entre tous par la finesse élégante du dessin et du modelé, par l'expression profonde et mélancolique des traits, il sait descendre de ses hauteurs jusqu'aux bas fonds de la caricature, en quoi il rappelle Shakespeare. Il honore l'art florentin, dont il est issu, plus qu'il ne le représente, car il avait assez de génie pour se frayer des voies ignorées. On sait que le dédain inexplicable du magnifique Lorenzo et de Léon X, fils de Lorenzo, le réduisirent à chercher auprès de Ludovic le More, puis de François Ier, plus de justice, de tact et de goût.

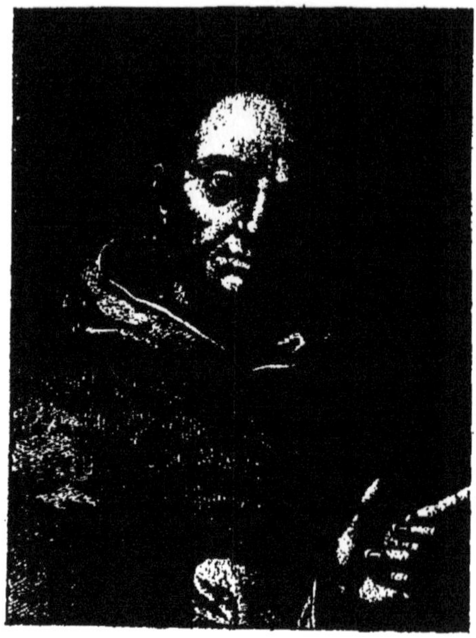

Bartolommeo della Porta.

Bartolommeo della Porta (14·9-1517) est le dernier représentant de l'art florentin dans cette période des premiers Médicis. Fauteur ardent du grand dominicain de San Marco, ce peintre, à la mort de son idole, prenait l'habit noir et blanc de l'ordre, pour mieux assurer le salut de son âme, sans renoncer à ses pinceaux. Mais il ne revient pas pour cela à l'art hiératique. Disciple de Rosselli, il prenait pour modèles Masaccio et Lippi, Orcagna et Giotto même, car il remontait jusqu'à Giotto dans ses études, et c'est par-là qu'il est comme Ghirlandajo, comme Léonard, un des anneaux de la chaîne qui, des primitifs, conduit à Michel-Ange. Inférieur à Michel-Ange par la fougue, ce moine n'en est pas moins, lui aussi, de la famille des grands.

Les madones qu'il peignait dans sa cellule, il les dessinait nues ; aussi sous les vêtements drapés sait-il avec bonheur accuser le corps humain. Sa décence noble et grave de chrétien ne l'empêche donc pas d'emprunter aux anciens maîtres leurs beautés païennes, l'habileté de l'ordonnance en de vastes compositions, la simplicité des procédés, la netteté des contours en des figures qui sont des portraits, la force du modelé, le calme de l'expression, l'entente de la perspective, les proportions exactes, le dessin correct, la couleur transparente et sobre, toutes les qualités, en un mot, des deux écoles. Il tient de Savonarole par sa piété et ses mœurs simples, de Léonard par son mouvement d'esprit et sa tendance à relever le réel au moyen de l'idéal, de Michel-Ange par son allure imposante, de Raphaël et d'Andrea del Sarto par la grâce. Comme Masaccio, comme Ghirlandajo, et plus encore peut-être, il est un grand collecteur ; mais en colligeant, il s'approprie, il sait rester lui-même, il n'encourt jamais le reproche de servilité. L'art florentin, composé merveilleux de goût épuré et de science acquise, se personnifie en ce *frate*, et n'a pas de représentant qui en résume mieux l'ensemble par l'union si rare des plus diverses qualités.

Il faut remarquer le succès qu'obtint par toute l'Italie cette brillante école. Les peuples ne se contentent pas d'admirer, ils s'engouent; ils acceptent les leçons qui leur sont offertes, et les mauvaises non moins que les bonnes, les erreurs des Pollajuoli et de Verrocchio non moins que la sagesse de Fra Bartolommeo et la vie de Léonard. Partout ils demandent aux Florentins fresques, statues, tombeaux. C'est le génie de Florence qui règne à Sienne, à Urbino, à Ferrare, à Rimini, à Mantoue, à Padoue, et même, dans une certaine mesure, à Venise, quoique Venise ait son art propre et particulier.

Faveur méritée. Depuis Cimabue et Giotto, les artistes florentins ont rapproché, uni, à la mode grecque, toutes les branches de l'art, et les ont même soutenues de la science, fécondées par le sentiment. Ils ne se bornent pas à être, comme en d'autres villes, des décorateurs pompeux. Simples et vrais, savants et forts, ils cachent leur savoir et leur force sous la grâce. Énergiques mais sobres, fiers mais élégants, ils sont discrets de dessin et de coloris; ils ont la mesure, l'équilibre, le goût, la finesse ; ils remettent en honneur le choix, si longtemps négligé, qui permet l'harmonie, qui pousse à l'idéal, et qui était jusqu'alors la gloire exclusive des Grecs. Cet admirable ensemble de facultés, ces échappées vers le mieux qui offrent aux regards une humanité supérieure à la nôtre, c'est désormais la gloire impérissable d'un petit peuple de marchands. La démocratie, l'oligarchie, la monarchie déguisée y ont chacune sa part. C'est sous la démocratie que fleurit Giotto avec sa vaillante école ; c'est sous l'oligarchie que naissent, grandissent, se forment les maîtres qui donneront leurs fruits savoureux sous la domination quasi monarchique de Cosme des Médicis. Quand cette domination, sous Lorenzo, incline de plus en plus à la monarchie déclarée, l'art faiblit et s'égare. L'or des mécènes n'y peut rien, sauf pour l'architecture. Nous aurons à montrer une floraison nouvelle, et la plus brillante du monde, dans les convulsions mêmes de l'agonie; puis, quand le calme sera revenu, ce calme qu'a flétri Tacite, sous les Médicis transformés en grands-ducs, rois par conséquent et rois absolus, l'irrémédiable et définitive décadence éclatera aux yeux les plus prévenus.

CHAPITRE VII

LE CHANT DU CYGNE.

Retour sur le passé. — Luttes intestines. — Guerres pour la domination. — Luttes contre les Médicis. — Fautes et bannissement de Piero de Lorenzo. — Domination théocratique de Savonarole. — Le gonfalonier à vie. — Retour des Médicis. — Domination de Léon X par procureurs. — Domination de Clément VII par procureurs. — Nouvelle expulsion des Médicis. — Niccolò Capponi gonfalonier. — Francesco Carducci gonfalonier. — Florence assiégée. — Difficultés de la défense. — Diversion de Francesco Ferrucci. — Capitulation.

Les lettres dans cette période. — La poésie : Alamanni, Rucellai, Berni, Firenzuola. — La prose. — L'éloquence. — Les dépêches diplomatiques. — L'histoire : Machiavel. — Guicciardin. — Giannotti. — Varchi. — Segni. — Nerli. — Nardi. — Vettori. — Jacopo Pitti. — Les beaux-arts. — Andrea del Sarto. — Benvenuto Cellini. — Michel-Ange. — Épuisement du génie florentin.

Pour estimer à son prix cette civilisation inégale, incomplète, mais brillante et immortelle, dont nous venons de tracer les principaux traits, il faudrait pouvoir mettre en lumière les événements multiples de tout ordre, agitations avec ou sans motifs, guerres civiles et guerres étrangères, qui rendent presque incompréhensibles une telle liberté d'esprit et une telle puissance de travail.

Nous avons indiqué au début, en quelques pages, les humbles origines de Florence naissant du plus rudimentaire trafic, défendant ses premiers progrès contre les brigands et les hobereaux du voisinage, amenant ceux-ci à se reconnaître vaincus et à passer sous le joug de l'égalité, disons mieux, d'une outrageante infériorité. Moins nécessaires à rappeler, les événements ultérieurs ne seraient pas moins intéressants à connaître et moins curieux à expliquer. Cette pauvre petite commune qui attaque pour se défendre commence-t-elle à respirer plus librement dans sa ceinture élargie, que, subissant l'influence du milieu, elle se divise en guelfes et en gibelins. Ces deux factions la déchirent, se succèdent tour à tour au timon et bannissent sans pitié les vaincus de la veille qui n'ont pas trouvé la mort dans le combat. A peine les guelfes sont-ils vainqueurs au dedans, qu'il leur faut assurer au dehors ce triomphe contre des ennemis promptement relevés de la défaite, altérés de vengeance et assiégeant les portes. Cette nécessité ne supprime ni le travail de la fourmilière, ni sa rage de se diviser en partis adverses, comme font d'ordinaire les triomphants. Guelfes blancs et guelfes noirs sont aussi implacables les uns contre les autres qu'ils l'ont été ensemble contre les gibelins. Les guelfes blancs suivent les gibelins dans l'exil ? Sans retard les guelfes noirs se déchirent, et la domination d'une moitié d'entre eux sur l'autre ne rend que pour peu de jours la paix des rues à ce peuple laborieux.

Comme les bannis ne renonçaient jamais à l'espoir prochain de rentrer dans leur patrie, les retours offensifs des Césars teutons étaient pour les gibelins, pour les blancs, pour ceux des noirs qui les avaient rejoints dans l'exil et qui désormais se confondaient avec eux, un heureux coup du sort. C'en était donc un, aussi, et plus heureux encore, qui enlevait inopinément Henri VII et affermissait pour longtemps les rênes aux mains de la fraction de faction détentrice du pouvoir.

Les luttes pour l'existence ont pris fin ? Commencent aussitôt les luttes pour l'extension et la domination dans la province de Toscane. Moins légitimes, elles se compliquent d'épreuves terribles : la tyrannie de cet aventurier français qui porte dans l'histoire le titre de duc d'Athènes, l'effroyable mortalité de la peste noire, les guerres incessantes contre l'archevêque de Milan, contre l'empereur, contre les grandes compagnies d'aventure, contre Pise et Lucques, qu'il s'agit de conquérir ou d'acquérir pour se frayer accès à la mer ou s'en approcher davantage. Et, comme si ce n'était assez de tant de malheurs ou d'entreprises, rivalités renouvelées des familles entre elles, des Ricci et des Albizzi, succédant à celles des Cerchi et des Donati, pour établir leur prédominance par l'écrasement de ceux qui les gênent, ou par leur extermination au sens étymologique du mot.

L'eût-on jamais cru que dans la plus guelfe et la plus pontificale des villes éclaterait contre le souverain pontife une guerre à ce point acharnée qu'on osa appeler *saints* les officiers publics qui en avaient la direction ? Puis se reproduisent au grand jour les troubles sociaux qui, par le « tumulte des *Ciompi* », portent au premier plan sur la scène ces classes infimes jusqu'alors reléguées au dernier ; et dès que le joug de fer de l'oligarchie a rétabli ce que les partis aristocratiques appelent l'ordre, nouvelles campagnes : au loin contre les Visconti de Milan, tout près contre cette infinitésimale Lucques qui ne se laissera ni dévorer ni confisquer. Ainsi vit et s'agite Florence, jusqu'au jour où l'oligarchie des Albizzi, devenue impopulaire, en est réduite à se défendre contre la marée montante des obscurs Médicis.

Avec les premiers Médicis, d'autant mieux affermis au pouvoir qu'ils s'y montrent plus hypocrites, notre esprit moderne comprend mieux la prospérité, la civilisation, qui sont, à notre sens, presque inséparables du calme et de la paix. Mais si Florence vécut alors dans une atmosphère plus respirable pour nos poumons, elle supportait trop mal la servitude, même dorée, pour ne s'y vouloir pas dérober. De là un renouvellement des anciennes agitations, et d'autant plus redoutable que ces banquiers, aspirant à devenir princes, étaient gens à ne pas lâcher facilement leur proie, à tout faire pour la garder ou la ressaisir. D'où une période d'un caractère particulier. Maîtres dans leur patrie, ils étendent la main, à Rome, sur la tiare. Seulement, comme ils savent qu'elle n'est pas héréditairement transmissible, ils tiennent au principat toscan, qui peut le devenir, et, pour atteindre le but de cette ambition parricide, ils ne craignent pas d'appeler contre leur ville natale les armes écrasantes de l'empereur Charles-Quint.

Pas plus que les précédentes, nous ne pouvons exposer ici cette dernière, cette poignante période ; mais notre sujet nous oblige à en rappeler les principaux traits. La République de Florence a eu la gloire peu commune d'une mort héroïque, telle qu'on la peut souhaiter aux peuples comme aux simples mortels. Ce qui est plus extraordinaire encore, elle a continué, jusque dans les affres de l'agonie, à projeter sur le monde cet éclat fulgurant des lettres et des arts qui nous semble réclamer le repos dans la vie, comme condition de l'activité dans l'esprit. Ce phénomène est, ou peu s'en faut, unique dans l'histoire. Nous donnerions une idée par trop incomplète et insuffisante de la civilisation florentine si nous ne signalions pas le chant du cygne dans la société, troublée jusqu'en ses bases profondes, où il s'est fait si mélodieusement entendre.

Parvenue au quatrième de ses membres qui s'étaient arrogé le droit de diriger à la manière d'Auguste les destinées de la République, la dynastie déguisée des Médicis se heurtait déjà au plus grave peut-être des écueils de la monarchie : l'incapacité succédant au talent. Le fils de Lorenzo, pas plus que le fils de Cosme, et moins encore, n'était de taille à porter le fardeau du pouvoir. Dès le premier jour, il compromettait sa maison par de sottes imprudences, en attendant qu'il la ruinât tout à fait par des fautes capitales. La plus grave de ces fautes fut de jeter Ludovic le More, qu'abandonnait toute l'Italie, dans les bras de la France, en un temps où les sires des fleurs de lis élevaient, sur le nord et le sud de l'Italie, des prétentions d'héritiers. C'en fut une autre de louvoyer entre Naples et la France, alors que Charles VIII avait déjà, comme dit Comines, « senti les fumées des gloires d'Italie », alors que les Florentins voulaient visiblement rester fidèles à leur traditionnelle politique d'alliance avec le roi très chrétien. Quand l'envahisseur fut en Toscane, il alla s'agenouiller devant lui, il lui livra tout, même Pise, qui avait coûté tant d'efforts et de florins. Il en reçut aussitôt la juste récompense par la révolution du mépris et par l'exil.

Dans Florence, où les Français étaient entrés en envahisseurs victorieux sans combat, il n'y eut plus, après leur départ vers le sud, rien qui restât debout. Ce n'est pas un des moindres dangers du pouvoir personnel qu'il ne laisse derrière soi que des ruines et qu'il a rendu les hommes peu dignes de ce nom. Il fallut ce qu'on appelait alors un étranger, c'est-à-dire un Italien d'une autre province, il fallut Savonarole pour tirer un moment du chaos la ville évacuée et rendue à elle-même. Encore la troubla-t-il bientôt, plus qu'elle n'avait été, par la domination théocratique de la « moinerie », comme eût dit Rabelais, la pire peut-être de toutes les dominations. Et elle était aggravée encore par la royauté formellement proclamée de Jésus-Christ comme par le ministère d'enfants irresponsables, chargés d'imposer à tous le respect de la loi sainte, telle que l'interprétaient le prophète et ses acolytes, aussi aveugles qu'ardents.

Nous avons indiqué plus haut la réforme morale qui fut l'excuse et même l'honneur de cette tyrannie sacrée, et aussi la réforme des institutions, heureuse trouvaille où les Florentins du temps se plaisent à reconnaître les meilleures qu'ils aient connues. Mais leur reconnaissance ne pouvait les rendre insensibles au bouleversement de toutes leurs habitudes, irritant et pénible résultat du despotisme clérical. L'orage s'amassait dans la ville et autour de la ville. La cour de Rome ne comprenait pas qu'un misérable *frate* bravât le saint-siège, et contre lui elle lançait ses foudres. L'Italie n'en revenait pas de voir une ville intelligente, éclairée, flambeau même des régions voisines, se soumettre au gouvernement de ses moines et tolérer les mascarades, les bacchanales dévotes qui la couvraient de ridicule. Bientôt, Rome soufflant le feu, et les Médicis aussi, à la mascarade et à la bacchanale qui troublaient les rues succède l'émeute qui les ensanglante, l'émeute légale, si l'on ose dire, celle des pouvoirs officiels contre le pouvoir réel, des magistrats institués contre le prophète sans institution, qui les avait jusqu'alors inspirés, et qui va tragiquement finir sur le bûcher.

Ce drame saisissant n'est pas une solution. Il laisse la colère, le désir de la vengeance au cœur des fanatiques *piagnoni*, partisans du supplicié ; il ranime l'espoir chez les *palleschi*, partisans des Médicis. Florence ne retrouvera plus la paix qu'elle a si rarement connue, ou du moins, pour la retrouver, il lui faudra renoncer à sa vie propre. Tout reste plus que jamais ou devient cause de trouble : les relations sociales entre concitoyens, les relations extérieures, les capitaines d'aventure, qu'on engage pour reconquérir Pise et qui ne savent pas s'y prendre, qui se laissent gagner à prix d'or pour se faire battre ou se retirer avant d'être battus, l'exécrable César Borgia, qui vient en Toscane brouiller les cartes, dans son idée fixe de se tailler quelque part une principauté. C'est le temps où, nous l'avons dit plus haut, les auteurs montrent le secret devenu impossible et l'action lente, si lente que, selon Nardi, l'un d'eux, « Florence était épouvantée de la patience *asinina* de ses chefs ».

De tels malaises conduisent droit aux révolutions, et le triomphe y est pour les plus hardis. Or les plus hardis, dans l'espèce, ce sont les Médicis et leurs partisans. Piero des Médicis, fils du magnifique Lorenzo, montrait, par ses intrigues, et avait montré, par un formel coup de main, qu'il n'entendait pas renoncer à son « héritage ». Comment ses partisans n'auraient-ils pas fait des pieds et des mains pour le rétablir au timon? Sous leurs chers Médicis, écrit Jacopo Pitti, « ils avaient les privilèges et les honneurs, laissant au peuple les impôts. » Si la pluralité des Florentins n'était pas disposée à recommencer ce jeu où elle n'avait qu'à perdre, l'idée mûrissait que, pour tenir tête aux conspirateurs, il fallait à l'État populaire un chef stable, et bientôt Pier Soderini était élu gonfalonier à vie, institution plus dangereuse peut-être que la monarchie déguisée des Médicis, parce qu'elle était reconnue, officielle, légale. Dans leur désarroi, ces démocrates sans boussole s'engageaient sur la grande route qui conduit au despotisme d'un seul.

Pier Soderini n'était pas ce despote. Médiocre, peu lettré, sans conceptions propres, sans énergie, sans ambition, d'une honnêteté à toute épreuve et, par surcroît, sans enfants, il ne pouvait faire le mal; mais il ne sut pas faire tout le bien qu'exigeaient des conjonctures si difficiles. En sept années, il a rétabli la paix intérieure, restauré les finances, prouvé, en rendant ses comptes, l'intégrité de sa gestion, rendu à sa patrie l'amitié si recherchée du roi de France, et cela sans la brouiller avec l'empereur, recouvré Pise, le plus grand succès qu'elle souhaitât; il ne peut rien pour rendre la santé à une société malade et qui s'en prend de son mal au médecin qu'elle a choisi pour l'en guérir. Il se heurte à l'opposition, enhardie par sa faiblesse, de ceux qui n'ont pas sujet d'être contents et de ceux qui ne veulent pas l'être. Les lettrés des *Orti oricellari* lâchent contre lui la bride à leur éloquence envenimée. La jeunesse, dans ses mascarades qui ne sont plus dévotes, déverse le ridicule sur sa personne respectable. Le ridicule ne l'a pas tué? On ourdit un complot pour se débarrasser de lui par le meurtre. Le complot échoue? On se tourne vers l'étranger.

L'étranger, c'est le *Deus ex machina*. Ramon de Cardona, chef militaire de la sainte Ligue, reçoit de ses maîtres l'ordre de substituer au gouvernement populaire le gouvernement des Médicis. La Toscane envahie, Soderini paraît au-dessous de sa terrible tâche, et il offre de s'en aller, si tel est le vœu public. L'abominable sac de Prato, qu'il n'a pas su ou pu prévenir, porte le dernier coup à sa popularité, si compromise. Ceux qui pardonnent au cardinal Jean des Médicis, le futur Léon X, d'avoir présidé à ces horreurs, ne pardonnent pas au gonfalonier de ne les avoir pas empêchées. Rien de plus facile maintenant que de le jeter à bas et de le chasser même pour cette jeunesse qu'appelle « bestiale » Francesco Vettori, un de ses chefs pourtant, « un des auteurs et des acteurs de la farce », selon le mot de Nardi. Les jeunes gens commettent de ces bévues irréparables, sauf à en verser plus tard des larmes de sang.

Léon X.

Le retour des Médicis est-ce du moins la paix de la servitude? Nullement. Ils sont si impopulaires que Ramon de Cardona a dû promettre « qu'on ne leur laisserait lever la tête en aucune chose, » qu'on les contiendrait par la force et la justice, par le bras de Sa Majesté Catholique, qui ne permettrait point qu'ils eussent aucune grandeur. Mais de ces promesses les hommes avisés riaient, sentant bien que des ambitieux, qui ont commandé et régné soixante années, ne sauraient rentrer en simples citoyens. Leur nouvelle usurpation commence par l'anarchie et continue par des coups de main, ce que nous appelons coups d'État, pour prendre plus que le protecteur étranger ne consentait à accorder. Ce qu'il n'accorde pas, il le laisse voler en fermant les yeux, et il tolère jusqu'aux odieuses représailles de réaction contre lesquelles François Ier se croit tenu de protester en faveur de ses anciens, de ses fidèles alliés.

Le maître, dès lors, à Florence, c'est ce cardinal Jean,

fils du magnifique Lorenzo ; mais à peine a-t-il pris possession de son « héritage », que, ne songeant plus qu'à ceindre la tiare à Rome, il règne par procureurs, régime qui est toujours particulièrement dur. Son exaltation sous le nom de Léon X est comme un baume sur les plaies qu'il a ravivées. Ses concitoyens s'en montrent fiers : jamais encore ils n'avaient vu un des leurs sur le siège de Pierre. C'est pourtant à partir de ce jour que la brillante ville cesse de compter dans le monde ; elle n'est plus qu'un atout aux mains sacrées qui, de Rome, tiennent le jeu.

Comme il n'est plus un Médicis qui ne rêve d'une couronne et que gouverner par procuration Florence est déjà indigne d'un frère ou d'un neveu de pape, les rênes sont abandonnées à un bâtard de ce Giuliano des Médicis qui avait succombé sous le poignard des Pazzi conjurés. Ce bâtard est d'Église ; Léon X le fait, malgré les canons, archevêque de Florence et cardinal ; mais qui n'aimerait mieux résider à Rome, à la source des faveurs et des biens ? Le diocèse florentin sera donc administré par le procureur d'un procureur, qui est aussi de la famille et qui a en poche tout son art de gouverner, sous forme d'instructions pontificales. Mais, lui aussi, ce procureur de procureur, il veut vivre en prince. Lui aussi il s'en vient à Rome, d'où les menaces du pape le peuvent seules renvoyer. Pour lui rendre la résidence tenable, un pas de plus sera fait dans les voies de l'absolutisme. Vettori blâme et Guicciardin constate : « De Lorenzo (ainsi s'appelait ce procureur peu zélé) à un seigneur à la baguette, il n'y a d'autre différence que dans la manière de commander. Ils font ce qu'ils veulent sous le nom d'autrui par des magistrats qui obéissent au moindre signe. »

Florence n'inspire plus que mépris à la famille qui la pressure et même aux serviteurs de cette famille. « Il ne me plaisait pas, écrit Paride des Grassi, maître des cérémonies du pape, de rester dans cette misérable ville. » Après ce Lorenzo, qui meurt dans l'abjection de ses maladies, marié en France et père de la sinistre créature qui porte dans l'histoire le nom de Catherine de Médicis, Léon X lui-même disparaît. Le cardinal Giulio, archevêque de Florence, n'étant plus proche parent du souverain pontife, et n'ayant pu, cette fois, mettre la main sur la tiare, n'a plus qu'à rentrer dans son diocèse, on pourrait dire dans ses États de Toscane ; mais ce n'est qu'une fausse rentrée : il compte bien, à la prochaine vacance, être plus heureux. Et il le sera, car il a toutes les chances. Si, au seuil de son palais, il échoue à réprimer l'opposition de ces *orti oricellari* où l'on avait jadis conjuré en faveur de sa famille, les conspirateurs sont sans énergie ; le cardinal Soderini, frère de l'ancien gonfalonier, et favori du pape Adrien VI, tombe en disgrâce et cesse d'être *papable ;* c'est Giulio lui-même qui devient chef de la chrétienté. Mais de Clément VII ses ouailles des bords de l'Arno ne se réjouissent point comme elles ont fait de Léon X : l'expérience a porté ses fruits et elles ont vu de trop près ce vicaire du Christ. Comment lui pardonneraient-elles de leur donner pour maîtres deux bâtards de son sang, deux enfants qu'on ne savait au juste à quel des Médicis attribuer, qui n'ont pas encore atteint leur quinzième année et qui reçoivent pour mentors un évêque et un cardinal, celui-là méprisé, celui-ci détesté, tous deux incapables ?

CLÉMENT VII.

La crainte de Charles-Quint, protecteur menaçant, n'en a

pas moins rapproché le nouveau pape et ses concitoyens : c'est l'heure où les Impériaux de Bourbon et les lansquenets de Frundsberg marchent sur Rome, la prennent d'assaut, la mettent à sac. Mais du coup les Médicis, frappés dans la personne de Clément VII, leur chef, sont faciles à chasser ; Florence qui les hait ne saurait donc s'en faire faute. La voilà libre une fois de plus. Peut-elle compter sur le lendemain ? Si elle le crut, son illusion ne fut pas de plus longue durée que l'intimidation et le découragement des ennemis de sa liberté. Les déceptions qu'éprouvent les *palleschi*, les justes défiances qu'ils inspirent les ont vite ramenés à leur vomissement. La lutte recommence, et la liberté, réduite à l'appui de ceux qui l'ont toujours voulue, court grand risque de manquer ses destinées, d'ajouter une page de plus à la lamentable histoire de ses mécomptes.

Pas plus que Pier Soderini, et moins encore, Niccolò Capponi, gonfalonier de justice dans Florence affranchie, n'était à la hauteur de ses difficiles devoirs. Il manquait de courage, de résolution, de talents. Devant une opposition forcenée qui s'attaquait à tout, il ne sut que singer Savonarole, proclamer de nouveau Christ roi de la ville. Encore cette restauration théocratique fut-elle peut-être l'acte le plus sensé de son administration, car, devant le mirage de la protection céleste, il ralliait le gros bataillon populaire des fauteurs attardés du *frate* au parti aristocratique docile à ses propres directions.

Ce qui le maintint debout quelque temps, c'est le désir qui vient parfois aux hommes du repos par la stabilité. Ses vues n'étaient point celles de ses concitoyens : eux, ils réclamaient un prompt retour à l'alliance française, leur séculaire et tutélaire tradition ; lui, il croit nécessaire de s'allier à l'empereur et au pape réconciliés. Ne pouvant ramener l'opinion à ses idées, il n'avait, ce semble, qu'à suivre celles qui prévalaient ou à résigner ses fonctions. Il aima mieux adopter une politique personnelle et occulte, négocier secrètement en conspirateur. N'ayant pas moins d'aversion que Clément VII pour le gouvernement populaire, il était digne de s'entendre avec lui ; mais Clément VII était dans son rôle, Capponi n'était pas dans le sien. Des chefs d'État qui agissent en dehors de leur diplomatie officielle et même qui la contrecarrent, cela s'est vu : Louis XV, Napoléon III en ont donné au monde le spectacle ; ils ne l'ont pas rendu plus édifiant.

Niccolò Capponi.

Qu'on déposât Capponi, puisqu'il ne savait pas se démettre, ni même se soumettre, c'était justice, et il aurait dû s'y attendre. Son successeur Francesco Carducci était un tout autre personnage. Ancien trafiquant malheureux et banqueroutier, il passait nonobstant, dans cette ville où de tels accidents commerciaux n'étaient points rares, pour sensé, juste, intègre, entendu aux jugements mercantiles, doué d'un esprit prompt et d'un cœur courageux, en un mot, selon son contemporain Busini, « le meilleur homme de son temps. »

Mais que peut l'énergie humaine contre la force des choses ? Tout au plus en retarder de quelques heures le cours fatal. Carducci a contre lui les amis des Médicis, ceux de Capponi, le pape, l'empereur, les armées impériales, la lenteur de la France et de Venise à envoyer des secours, la parcimonie des Conseils qui ne permet pas de soudoyer des mercenaires en nombre suffisant. Bientôt éclate le coup de foudre du traité de Barcelone (29 juin 1529) qui cimente au grand jour l'alliance hybride du vainqueur et du vaincu de Rome. La malheureuse Florence, dont la liberté est un scandale au milieu de la péninsule asservie, payera les frais de cette entente. Et, toutefois, en entendant sonner à leurs oreilles leur glas funèbre, les Florentins ne sentirent pas s'amollir leur cœur. Ils s'obstinèrent à espérer sur la foi d'un tas de petits prophètes, succédanés de Savonarole, et sur le calcul des probabilités qui leur semblaient être que sa Majesté Très-Chrétienne et sa Majesté Catholique, en pourparlers, ne signeraient point la paix sans y comprendre les peuples de leur alliance. Sur les rives de l'Arno ne courait pas encore, sans doute, le propos prêté plus tard par l'historien Varchi à Louise de Savoie, mère de François Ier, que ce prince, pour ravoir seulement l'un de ses deux fils, otages en Espagne, aurait donné mille Florences. Bientôt, le traité de Cambrai (5 août 1529) apprend aux Florentins que s'ils y veulent être compris, ils devront « s'appointer avec l'empereur dans les quatre mois ».

Certes, le coup est rude. On n'en voit pas moins cette poignée de marchands et de lettrés prêts à se saigner aux quatre veines, pour combattre par honneur, sans sérieux espoir de succès. Ce sacrifice de soi-même est-il seulement possible? Oui, grâce à Machiavel qui, au temps de Soderini, a vigoureusement réorganisé les milices urbaines. Florence en face de Charles-Quint sait bien qu'elle sera abandonnée de ses sujets du dehors, déjà ruinés par la guerre, et dont elle n'a jamais su se faire aimer. Michel-Ange Buonarroti, préposé aux fortifications, crie à qui veut l'entendre qu'elles ne tiendront pas un seul jour, mais il ajoute qu'on peut les rendre plus résistantes, et on le croit, et on l'aide. Ces trafiquants, ces boutiquiers, ces artisans que le Vénitien Foscari représentait comme amollis par leur doux climat, travaillant la robe retroussée, le tablier sur le ventre, les épaules chargées de sacs et de paniers pleins de soie ou de laine, n'entendant rien à la nouvelle tactique des armées, gémissant toujours sur la lourdeur des impôts, livrent leur épargne, retroussent maintenant leur robe et chargent de paniers leurs épaules pour apporter aux remparts le coton et la laine dont Michel-Ange entend protéger les pierres contre le canon. Ils font face au prince d'Orange, général des Impériaux, et ils ont derrière eux, dans la ville même, les amis des Médicis dont ils craignent à tout instant la trahison. Pure chimère, répétons-le, que l'espoir de triompher; mais ce n'est pas à dire que cet espoir ne hantât pas nombre d'âmes simples. Moins simples, après tout, que ces paysans fanatisés de Munster qui se jetaient à genoux devant l'ennemi, parce qu'ils comptaient, pour le mettre en déroute, sur les milices célestes, nos Florentins se tenaient debout, cherchaient le combat, et, en fait de milices célestes, se bornaient à donner le nom d'anges aux personnages terrestres dont ils se flattaient de voir venir les secours.

Dès le mois de novembre 1529, Florence est assiégée. Tout en se défendant par les armes, elle négocie. Mais ses ambassadeurs désertent, preuve trop claire que le parti de la capitulation est en progrès. On le contient dans le patriotique devoir au moyen de quelques supplices et d'une terreur qu'on pourrait, en de si poignantes conjonctures, juger modérée. Quatre mille citoyens vivent de la vie du soldat, se divisent en deux groupes pour veiller nuit et jour aux remparts, comme pour surveiller les rues. Parmi les contemporains abondent les témoignages d'admiration. De nobles hidalgos d'Espagne diront plus tard, malgré leur morgue connue, que ces gens, qu'ils croyaient bons uniquement la plume aux doigts et derrière leurs comptoirs, valent plus à la guerre, l'arquebuse en main.

L'heure est écoulée pourtant des défis, des combats singuliers, des escarmouches. Peut-on faire davantage? Malatesta Baglioni, un hobereau étranger, chef de la défense militaire, le nie, ce qui le rend suspect à ceux qu'il commande et dont il ne veut pas utiliser le dévouement. On a bientôt fait de l'appeler traître : c'est le langage des cœurs chauds et simples quand ils sont déçus. Mais ici l'accusation était fondée, pour le moins en partie : Malatesta, indifférent à la gloire de la défense et de sang-froid en pleine fièvre obsidionale, voyait les impossibilités ; il ne cherchait plus qu'à procurer une capitulation qui éviterait de grands malheurs et lui permettrait de « faire ses besognes, » selon le mot de Comines.

Eh bien, cette entreprise qu'il ne veut point tenter, cette diversion téméraire qui peut offrir une dernière chance de salut, un ancien commis marchand la tentera contre vent et marée. Avec une poignée d'hommes déterminés, et en faisant un grand détour par le Val d'Arno inférieur, Francesco Ferrucci reviendra sur Florence pour prendre l'assiégeant entre deux feux. Le malheur est qu'il aurait eu besoin d'être soutenu et que l'on compte sur lui comme sur l'unique soutien. Il faudrait une politique sachant bien ce qu'elle veut et ce qu'elle peut. Or les offices affolés ne se résignent pas à mettre dans ce hardi coup de main leur dernier espoir : ils négocient avec Orange, avec Charles-Quint, et ils négocient gauchement, en multipliant des bravades dont l'empereur connaît bien la vanité, et ils irritent le pape, qui attise le feu, en laissant impunis les outrages dont un peuple en délire poursuit sa personne sacrée !

Par surcroît, Carducci manque sa réélection, peut-être pour l'avoir trop ardemment poursuivie. Son successeur est un homme faible, qui dit à ses électeurs : « Vous êtes les maîtres, c'est à vous de me donner des ordres ». A peine, avec une telle doctrine, ce Raffaello Girolami eût-il été le gonfalonier modèle d'une cité libre en des temps ordinaires, car cette charge de pouvoir exécutif n'en laissait pas moins une part discrète à l'esprit d'initiative et à la direction ; mais, en ces temps tragiques, pas plus que Capponi il n'était l'homme qu'il fallait. Ce fut une grande faute de n'avoir pas réélu Carducci.

Sollicités de faire connaître leurs volontés, les mécontents de tous les partis n'y manquent point. Le clergé crie bien haut les siennes par le refus des deniers qu'on lui réclame à bon droit pour d'urgentes nécessités. La disette règne, et bientôt sévit la famine. Quand la chouette, le faucon, le rat deviennent comestibles, les bouches inutiles sont menacées d'expulsion. On fouille les maisons pour prévenir ou réprimer les accaparements. Sans nombre sont les malades, et le nombre des morts s'accroît chaque jour. Nous avons peine à comprendre que Guicciardin et l'évêque de Tarbes, ambassadeur de François Ier, qui voient de près ces misères, déclarent encore que le succès de la défense ne paraît pas impossible. Rien assurément plus que ce témoignage d'un historien peu patriote et d'un diplomate étranger, trop indifférent pour n'être pas impartial, n'est à l'honneur des assiégés.

Quant à leur salut, c'en est fait. « Le nouveau Gédéon », comme l'appelaient les *piagnoni*, qui allait le procurer, y échoue et trouve une héroïque mort dans sa défaite. Orange aussi a succombé, lui, dans la victoire, et Malatesta Baglioni a le champ libre pour négocier la capitulation devenue nécessaire. Charles-Quint l'accorde, en ne se réservant que le droit d'instituer un gouvernement nouveau ; encore s'engage-t-il à maintenir la liberté. Mais un despote ne peut créer qu'à son image ; un pape qui, déjà auparavant, repoussait les institutions populaires, ne va pas les admettre à cette heure, et si les Médicis rentrent dans Florence écrasée, chacun comprend bien que ce n'est pas pour y vivre en simples citoyens.

Florence a donc terminé une vie éclatante par une noble mort, ce qui est la plus rare des destinées. Elle a pu manquer d'habileté dans la crise suprême, mal mesurer ses forces à son dessein, ne pas se rendre compte des exigences générales de la politique. Son courage, du moins, fut héroïque, disons mieux, durable et réfléchi dans l'héroïsme, vertu surprenante chez un peuple de marchands, depuis longtemps déshabitué des armes. Cette résistance de onze mois sans espoir sérieux, cette grandeur morale retrouvée par une ville en décadence et menacée de périr est, on peut l'affirmer, un des faits les plus inattendus et les plus honorables, disons même, quoique la célébrité lui ait été trop parcimonieusement mesurée[1], les plus glorieux de l'histoire.

Pourquoi faut-il que plus les âmes se sont élevées, plus la chute soit profonde? Sous les régimes transitoires qui préparent l'établissement définitif des Médicis, les gens d'élite, seuls opposants, sont de plus en plus clairsemés et finissent par disparaître. Nous ne voyons plus qu'ambitions et compétitions viles dans les régions du pouvoir, qu'affaiblissement ou aplatissement au-dessous. « On ordonna, écrit simplement Fra Giuliano Ughi, qu'Alexandre des Médicis fût seigneur à la baguette. » Monarchie qui ne prend plus la peine de mettre un masque, servitude effacée des sujets, despotisme insolent des maîtres, crimes à ciel ouvert ayant pour mobile non plus les passions de parti ou l'ambition, mais le vice, telle est l'histoire de cette abjecte dynastie. Délivrée de ses vieilles factions, Florence n'a plus la force d'en susciter de nouvelles : son existence obscure s'écoule dans une paix semblable à la léthargie ou à la mort.

Mais avant de s'y ensevelir, dans les cruelles épreuves de sa lente agonie, répétons-le, elle a fait entendre le chant du cygne. Sous les Médicis intronisés, les belles-lettres, les beaux-arts participeront à la décadence générale, et l'on aboutira au ridicule ineffable des académies. Durant la période agitée où la liberté essaye de revivre, attaque ceux qui l'en empêchent ou se défend contre eux, l'éclat de cette civilisation qui finit est aussi grand que dans ses plus beaux jours. Les génies florentins du XIVe siècle ont trouvé au XVIe des héritiers dignes d'eux,

1. Dans un livre, intéressant d'ailleurs, sur les sièges célèbres, M. Maxime Petit ne mentionne même pas le siège de Florence.

et ceux-ci, pas plus que ceux-là, n'ont vieilli. C'est ce qu'il nous reste à montrer.

Le règne desséchant de l'érudition a duré cent années, et l'on pouvait craindre que toute œuvre originale ne fût devenue impossible. Il en arriva tout autrement. Comme un sol laissé en jachère, l'imagination reposée s'épanouit de nouveau avec une merveilleuse fraîcheur. Si Dante reste toujours le grand nom de l'Italie littéraire, la poésie s'enorgueillit, au XVIe siècle, du Tasse et de l'Arioste, qui ne sont pas Florentins, de Giovanni Rucellai, de Luigi Alamanni, de Francesco Berni, qui le sont, et qui brillent encore, quoique à un rang inférieur. Il suffit peut-être de nommer Alamanni et Rucellai; pour Berni, cette mention sommaire ne saurait suffire (1490-1535). Ce chanoine, ami de la joie et frondeur comme on l'était dans sa ville natale, a trouvé le rire ou su du moins l'introduire dans ses vers. Il est immortel pour avoir écrit avec plus de gaieté et en meilleure langue l'*Orlando innamorato* de Bojardo. Il a fait vivre son modèle en le faisant oublier, seul exemple peut-être, avec Amyot, d'une traduction presque littérale, devenue originale par le génie de l'expression. Bien plus, s'il n'a pas créé le genre burlesque, il lui a donné la vie. Son nom est devenu celui de cette poésie plaisamment satirique et dite « bernesque » qui a adouci les mœurs grossières et pédantesques des humanistes, à un prix bien cher, il est vrai, en désintéressant les esprits des plus nobles tourments. On regrette de dire que ce Florentin contribua tant à un asservissement si funeste; mais on a hâte d'ajouter qu'il y contribua surtout par le servile troupeau de ses imitateurs.

Car il est chef d'école. De ceux qui procèdent de lui, il suffira d'en nommer un, le meilleur, pour marquer leur rang. Un bénédictin, Agnolo Firenzuola, suivit les traces de ce chanoine. Il traduisit, en y mettant beaucoup du sien, l'*Ane d'or* d'Apulée. Les petites pièces qu'il prodigue sur la soif, les cloches, la mort d'une chouette, rappellent les pétrarquistes, comme aussi Mellin de Saint-Gelais et nos marotistes en leurs épiceries. Ce n'est point par là qu'il se recommande à l'attention de la postérité. Les nouvelles sournoisement indécentes qu'il écrivit en prose sont d'une langue admirable, celle des artisans et des commères à Florence.

Ainsi, déjà ce poète nous ramène à la prose. Quelque prix qu'ait Berni, ce n'est pas lui qui, dans l'ordre poétique de son temps, tient la première place, et ce n'est non plus aucun autre Florentin. L'honneur en est laissé à ce Tasse, à cet Arioste que nous avons déjà nommés, mais sur lesquels il nous est interdit d'insister, puisqu'il s'agit ici d'un pays où la gloire a voulu, jusqu'à nos jours, rester municipale. Dans la prose non plus tous les genres ne s'élèvent pas à une égale hauteur. Il faut bien l'avouer, cette ville libre où les citoyens avaient si fréquemment la parole, où le nom d' « orateur » remplaçait officiellement celui d'ambassadeur, ne vit jamais de discoureurs éloquents. Les membres des Conseils y parlaient brièvement, en hommes d'affaires : la loi y avait pourvu. La chaire chrétienne n'était pas mieux douée : l'art y manque, on ne s'en aperçoit que trop aux sermons si goûtés de Savonarole. Jaloux d'être vrais, le *frate* et ses disciples ne surent que suivre les vieux errements du moyen âge, entasser citations sur allégories. Si leurs pauvretés allaient au cœur de l'auditoire, c'est par cette action extérieure qui avait tant de prix aux yeux de Démosthène, et qui est le génie même des populations méridionales. Pier Soderini, Niccolò Capponi, Francesco Carducci et autres laïques multipliaient, tout comme Savonarole, gestes et génuflexions, poussaient de grands cris, versaient d'abondantes larmes, menaçaient du poing leurs adversaires présents ou supposés. Les écrivains qui passent pour fermer l'ère de l'éloquence dans les temps de liberté, parce qu'ils ont fabriqué de toutes pièces les harangues des personnages dont ils racontent l'histoire, Salviati, Davanzati, Varchi, sont verbeux autant que raffinés. Le discours même que Francesco Guicciardini prononça pendant le siège, pour exhorter la seigneurie à s'accorder avec le pape, n'a pu être débité tel qu'il nous l'a transmis. Qui parle avec une élégance aussi balancée a refait ses périodes après coup, comme Cicéron refaisait les siennes. Si l'éloquence est quelque part alors, c'est dans certaines pages de Machiavel, qui n'ont jamais été que lues, notamment dans la dernière du *Prince*.

En réalité, cette terrible crise de l'agonie républicaine, où les heures valaient des jours et les minutes des heures, n'a d'écrits en prose d'une valeur vraiment littéraire que ceux qui, étant des actes, sont exempts de toute prétention à la littérature, par exemple les instructions et relations diplomatiques : à Venise, où la forme volontairement impersonnelle donne aux faits la première place et presque toute la place ; à Florence, où la personnalité de l'observateur paraît davantage, avec le charme d'une langue sans pareille, d'une verdeur familière et d'un effort discret, tout nouveau alors, vers les idées générales retrouvées et admirées dans les chefs-d'œuvre de l'antiquité.

Mais c'est dans l'histoire que le génie florentin, au XVIe siècle, atteste surtout son éclatante supériorité littéraire par la pensée et le style. Dans cette ville d'Italie est née l'histoire politique, alors que la France et l'Allemagne en étaient encore aux chroniqueurs. La nette intelligence des faits, l'étude perspicace, approfondie, des causes et des conséquences, une singulière habileté pour mettre à nu les plus secrets mobiles des actions et analyser les caractères humains, ne permet pas de regretter beaucoup, chez ces maîtres nouveaux de la science historique, l'art qu'ils négligent un peu trop de peindre au vif, comme on faisait avant eux, choses et gens.

Machiavel est à peine un historien, et toutefois son rang parmi les historiens serait le premier, sans comparaison possible, si Guicciardin, que nous ne lui comparerons certes pas, ne lui avait été plus d'une fois comparé. Mais entre ses œuvres il y a lieu de distinguer, et ses *Histoires florentines,* qui sont encore aux yeux de bien des gens le fondement de son renom d'historien, doivent être ramenées à leur juste valeur. Écrites sur commande pour toucher le salaire promis par le cardinal Giulio, elles ne méritent l'estime que par comparaison avec les ouvrages du même genre qui les avaient précédées, à moins qu'on n'y veuille chercher quelques vestiges assez rares de la profonde philosophie qu'on admire aux principaux ouvrages de leur auteur. Selon un séculaire usage, en exposant les vicissitudes de sa patrie, il suit, imite, copie ses devanciers, ne s'étudiant guère à les surpasser que par le charme de la diction. Il emprunte jusqu'à leurs erreurs et il est loin d'être sûr. Il se trompe sur les noms et les dates ; il attribue aux acteurs du drame humain des actes qu'ils n'ont point commis, des idées qu'ils n'ont point émises. Compulse-t-il des registres ? il ne le fait qu'à la légère. Michel Bruto, qui a raconté l'histoire florentine après lui, se garde bien de la raconter d'après lui, tant il le trouve inexact. Et cette inexactitude est quelquefois voulue, pour dissimuler les violences des Médicis. L'œuvre n'est pas même terminée : le magnifique Lorenzo mort, ce sujet devient trop scabreux pour un courtisan. Malgré la supériorité de la langue et du style, malgré quelques réflexions fortes, si ce livre n'était signé d'un grand nom, personne n'eût songé à y voir une des sources de l'histoire florentine et moins encore un chef-d'œuvre.

Mais les *Discours sur la première décade de Tite-Live* et *le Prince* ont consacré Machiavel dans la gloire, dans une gloire qui, sans être pure assurément, est une des plus éclatantes qui se rencontrent aux annales des lettres. Le caractère de l'auteur n'a point laissé d'influer sur la tendance et la nature de ces deux mémorables écrits ; mais il est bien connu et nous pouvons sans inconvénients glisser ici sur ce sujet. Tout ce qu'on en peut dire de mieux, c'est que cette vie de subalterne est exempte des scélératesses, des trahisons si communes alors. Mauvais père de famille et bassement libertin, avide de richesses quand il est déjà dans l'aisance, et d'emplois quand les adversaires de son parti détiennent le pouvoir, serviteur par conséquent de tous les régimes, flatteur et quémandeur, immoral dans les conseils qu'il donne aux puissants, dépourvu de convictions ou du moins en usant fort librement avec elles, puisque, à la même heure, il préconise dans *le Prince* la monarchie et dans les *Discours* la république, l'immortel secrétaire n'en a pas moins laissé deux monuments de granit, énigmatiques mais merveilleux, qu'on discutera toujours sans doute, et qu'on admirera de plus en plus en les approfondissant par la discussion.

MACHIAVEL.

Pour énigmatiques qu'ils soient, d'ailleurs, il n'est pas impossible d'en dégager la pensée principale. Si la République avait pu vivre, Machiavel, qui l'a servie et bien servie, en aurait eu le cœur tout réjoui. Seulement elle est morte, ou, ce qui revient au même, elle a un maître, et à des hommes corrompus autant que mobiles il en faut un. La forme du principat a en outre le mérite d'être la seule propre à grouper les forces de l'Italie contre l'étranger, et c'est de l'Italie que s'occupe, oubliant un peu Florence, le large et compréhensif génie de l'auteur. Pour lui, la patrie ne finit point aux murailles d'une ville, et c'est de l'Italie entière, non de Florence, qu'il a écrit ces lignes qu'on lui a vraiment trop reprochées, car elles sont tout à fait dans l'esprit du temps : « La patrie est bien défendue, de quelque manière qu'on la défende, sans considération du juste et de l'injuste, de l'humain et de l'inhumain, du louable et de l'ignominieux. » Si le principat est empoisonné, la médecine, au nombre de ses plus actifs remèdes, n'a-t-elle pas toujours compté les poisons ?

Passe donc pour le principat, qui s'implante partout au XVIe siècle ; mais il faut trouver le prince dont la main ferme pliera tout sous sa loi, et le choix n'en est pas facile, car Machiavel n'a confiance ni dans la papauté, ni dans les principicules italiens, ni même dans ces Médicis de qui il recherche les faveurs. Il ne s'arrête qu'un moment à César Borgia : ce fils de pape, au défaut relatif et véniel d'être un monstre, joint le défaut essentiel et impardonnable d'être un météore. Ainsi la chimère est dans le but, les moyens seuls sont pratiques, ce qui est doublement fâcheux. Mais les considérations sur ces moyens sont d'une psychologie supérieure. Bossuet et Montesquieu eux-mêmes semblent surpassés : ne se bornent-ils pas à exposer et à juger les faits de l'histoire ancienne ? Notre Florentin, qui ne les néglige pas plus qu'eux, les rapproche sans cesse des faits modernes, qui en sont tout éclairés et qui leur renvoient cette lumière. Il n'a tort que d'en demander trop à ses constantes comparaisons : comment, sur des analogies, prédire sans témérité la similitude des conséquences et chercher l'équivalent des fables de Tite-Live dans les événements trop réels des temps modernes ?

Si les *Discours* nous paraissent aujourd'hui plus pratiques et plus profitables que *le Prince*, c'est que le vent est à la démocratie et que les monarchies s'en vont. Au point de vue personnel, *le Prince* paraît même plus pratique que les *Discours* : le désir des honneurs et des emplois lucratifs a pu seul porter une intelligence si perspicace à pousser dans la place vide deux Médicis médiocres ou nuls, et, en tout cas, fort amollis.

La plus débile main a toujours assez de force pour dispenser les faveurs. L'hypothèse si souvent soutenue d'une pure constatation scientifique, d'une dissection désintéressée au scalpel, n'est vraiment pas soutenable : sans parler davantage de ses convoitises égoïstes et mesquines, c'est pour préserver les vivants que l'anatomiste qui est en Machiavel cherche dans le cadavre les traits caractéristiques de l'affection morbide, cause de la mort. La preuve en est qu'il propose aussitôt le remède, à savoir d'être renards contre les lacets et lions contre les loups.

Quelle merveille qu'ayant sa boussole invariablement tournée vers le pôle de son intérêt propre, il ait eu assez de largeur dans l'esprit pour fixer en même temps son pénétrant regard sur le pôle de l'intérêt public, et qu'il ait si bien vu, quoique manquant de recul, les choses et les hommes ! Sur la statue du despote, telle qu'il l'a coulée, tous les despotes, depuis, se sont modelés : Catherine de Médicis, Charles-Quint, Frédéric II, Napoléon. Regrettons que, sur des matériaux incomplets et des faits mal connus, le grand publiciste du XVIe siècle n'ait pu imaginer que des théories erronées ; mais admirons qu'avec des bases peu solides et en se trompant sur le passé, il ait su démêler quelques-uns des éléments de l'obscur avenir, déterminer le caractère général des peuples, concevoir un idéal de gouvernement, faire enfin de la politique une science positive qui permet les prévisions.

Reste cette question depuis trois cents ans agitée : dépourvu de conscience morale, l'auteur du *Prince* est-il immoral ? C'est là ce que Macaulay appelle « l'énigme de Machiavel ». L'immoralité dont il s'agit n'est pas, bien entendu, celle de la vie privée, ni même celle qui consiste à narrer des anecdotes graveleuses, à tracer des tableaux scandaleux, à écrire *Belphégor* ou *la Mandragola :* un cardinal s'est rendu coupable de *la Calandra*, et des papes y applaudissaient. Non, c'est l'immoralité qui corrompt la vie publique et qu'on s'est épargné la peine de définir en créant le mot fameux de « machiavélisme ». C'est celle des princes du temps, des seigneurs de tout étage, des officiers publics que par courtoisie Florence nomme seigneurs, de ces « Dix de liberté » ou « de guerre » qui donnaient sans vergogne à Machiavel des instructions diplomatiques d'une duplicité rarement égalée. Aussi l'étonné secrétaire se demandait-il pourquoi, adorant une chose comme sainte, on en brûlait comme exécrable la copie qu'il en produisait. Assurément il a eu tort d'écrire ces mots et d'autres semblables : « fraudes honorables, cruautés généreuses, glorieuses scélératesses ». Et cependant, ne nous récrions pas trop : Fenimore Cooper a réhabilité l'espionnage par patriotisme. Sommes-nous donc si sévères pour le capitaine qui tend une embuscade à l'ennemi, pour le général l'attirant dans un piège, pour Horace tuant Camille, Judith décapitant Holopherne, Brutus immolant César, Charlotte Corday poignardant Marat, Cavour enfin et Bismarck faisant de la perfidie, auxiliaire de la violence, leur arme accoutumée, et, si l'on ose dire, leur arme de prédilection ? Simple coquetterie d'écrivain que ces épithètes laudatives accolées à des substantifs qui ne se peuvent prendre en bonne part, mais coquetterie fâcheuse par laquelle ce qui pourrait n'être qu'une constatation ressemble à un conseil.

On reproche aussi à Machiavel de n'avoir pas dit que la morale est la même pour un homme et pour un peuple. Il y a pourtant quelque différence. L'intérêt tient et doit tenir plus de place dans l'existence d'un peuple, ne fût-ce que par la difficulté d'établir et de suivre une autre règle. Seulement, comme la justice, en cette absence de règle, est pour les relations internationales le meilleur *modus vivendi*, Machiavel, sans être aussi immoral qu'on le prétend, n'est pas moral. Il veut imposer par la terreur ce qu'il appelle le bien. Il souffle le chaud et le froid, et il s'en vante : « J'ai enseigné, dit-il, aux princes à être tyrans et aux peuples comment on étouffe les tyrans. » Il va de l'analyse scientifique à la déduction jacobine. Il est tantôt idéal jusqu'au rêve, tantôt pratique jusqu'au cynisme. Si, pour l'expliquer et l'excuser, on doit rappeler l'universelle corruption du siècle, comment Guicciardin, qui n'a certes pas l'âme élevée, n'arrive-t-il pas aux mêmes conclusions, et comment Giannotti, leur contemporain, ne donne-t-il pas, lui aussi, des conseils immoraux?

Philosophe profond, mais incomplet, politique subtil, mais d'une honnêteté douteuse, prosateur attique et poète aussi à ses heures, Machiavel était trop bien doué pour ne pas réussir plus ou moins dans tous les genres. Ses dépêches, ses lettres sont des modèles, et il en signait une : *Istorico, comico, tragico.* Ses fantaisies littéraires fussent-elles médiocres, la fécondité dans le médiocre n'est pas sans prix chez qui excelle quelque part. Nous avons dit de ce grand génie le bien et le mal. Les Italiens, qui l'ont tant méprisé et haï, ne veulent plus aujourd'hui, par un patriotisme hors de propos, voir de taches à son soleil. La critique ne saurait les suivre sur ce terrain. Elle essaye d'expliquer ce qu'elle constate ; elle voit en Machiavel une nature complexe et troublante, où l'esprit a plus de profondeur que l'âme d'élévation, où les habitudes contractées, les ambitions caressées, les déceptions subies, les lacunes de l'instruction altèrent souvent, compromettent quelquefois les vues fortes, hardies et neuves par où il est sans pareil. Elle tient compte des idées, des préjugés, des mœurs d'un temps où le mal se mêle au bien dans des proportions énormes, et après avoir, selon notre méthode moderne, replacé dans son milieu l'homme pour ne pas injustement l'amoindrir, elle salue, dans Machiavel, un des plus prodigieux génies qu'ait vus l'humanité ; elle en fait d'autant plus honneur à Florence qu'il y naquit et s'y développa dans un sol bouleversé jusqu'en ses fondements.

Ce grand nom appelle celui de Guicciardin. Entre ces deux amis, entre ces deux émules, les ressemblances sont essentielles et si nombreuses que le plus court, pour les indiquer, serait d'indiquer les différences. Avec Guicciardin, point d'énigme. Ce qu'il est, on le voit ; ce qu'il veut, on le sait. Des deux il est le plus froid, le plus pratique, le plus positif, et ce n'est pas peu dire. Loin de prendre les faits comme un point de départ pour raisonner par induction, il s'y tient strictement. On peut le croire sincère : il ne ménage ni sa famille ni lui-même. Florentin de naissance, il ne l'est pas d'éducation, et il l'est peu d'idées. Étranger à tout patriotisme de clocher, il croit que « les vieilles villes ne se raccommodent point ». Il déteste le peuple de ses concitoyens, « animal insensé, plein d'erreurs et de confusion, sans goût, sans charme, sans stabilité ». C'est un politique et presque, comme nous disons aujourd'hui, un « politicien », pratiquant autant que pratique. Apte au commandement, il le recherche par les moyens que Machiavel recommande, sauf qu'il ne flotte pas, à son exemple, entre la liberté et le despotisme : il est tout acquis au despotisme, puisque la liberté a cessé d'être le fait. Il se trompe aisément quand il ratiocine sur l'avenir ; mais il est, sur le présent, d'une précision juste autant que crue et cynique. Ennemi des prêtres en théorie, — vingt fois il a déclaré l'être, — il les sert sans hésitation : il avait quatre filles à marier. Lui aussi, il prend son intérêt propre pour règle de sa vie, il en vient à « maximer ses pratiques », et l'historien s'en ressent.

Sa grande *Histoire d'Italie*, publiée après sa mort, a été longtemps la base de sa renommée. Elle est pourtant loin d'être irréprochable. Guicciardin voudrait s'affranchir des Grecs et des Romains, mais il n'y réussit point, car il ne produit guère qu'un pastiche de Tite-Live, sous cette forme d'annales, chère au moyen âge, qui fractionne l'exposition des faits et en rompt l'enchaînement. Il a, en outre, le tort de préférer la langue commune de l'Italie à l'idiome particulier de la Toscane, si gracieux, si vif, et d'abuser des périodes

« ennemies des poumons », comme dit Maffei. Il n'a pas même un style personnel : il imite celui de Boccace, au moment juste où en disparaît la mode. Lent et monotone, il fait comprendre plutôt que sentir, ou il révolte les sentiments délicats. Son grand succès vint en partie de ce que nous lui reprochons, d'avoir écrit dans la langue commune ; mais il a des titres plus sérieux à la renommée : il est supérieur à ses devanciers pour l'exposition des faits et surtout de leurs causes, comme de leurs conséquences ; ses tableaux politiques, ses exposés de négociations, le récit clair et détaillé des guerres autorisaient à voir en lui, après tant de chroniqueurs, un grand historien.

GUICCIARDIN.

Toutefois, sa meilleure part de gloire lui viendra désormais de ses autres œuvres, restées inédites jusqu'à nos jours. Ses *Légations* et son *Histoire de Florence*, durant la période qui s'écoule entre Cosme l'Ancien et Soderini, nous font bien mieux connaître son caractère, sa patrie, son siècle. Dans la vingt-sixième année de son âge, il n'avait pas encore appris à se draper. Il est plus simple, plus naturel, plus familier, et, pour tout dire, plus Florentin dans ses termes et ses tours. Correct, élégant, jamais vulgaire, il ne laisse désirer, dans son style, que l'éclat et le charme de l'imagination. S'il se loue trop lui-même, s'il ne contrôle pas assez les faits, si les réflexions dont il abuse un peu sont trop terre à terre, du moins cette longue narration est-elle merveilleusement claire et précise en sa précoce gravité, sensiblement moderne par l'ordre méthodique, par le sens des affaires et du jeu des passions, par la fine analyse des ambitions et des caractères, par une description exacte et un jugement net de l'action des princes, des chefs de parti et des masses populaires qu'ils entraînent, quand ils n'en sont pas entraînés. Ici, point de batailles ; une histoire tout intérieure. Rien de pittoresque, rien de dramatique ; mais que l'on connaît bien, après l'avoir lu, le mouvement et les intrigues qui aboutirent au retour des Médicis ! Florence reste, comme elle doit rester, le centre de l'ouvrage. L'auteur n'en élargit pas moins son horizon : il étend aux autres États son perspicace regard. De tous ses écrits, c'est celui qui plaît le plus : il y paraît supérieur à Machiavel, quoique moins vivant. Il est peut-être moins publiciste, mais certainement plus historien.

La critique, cependant, ne dédaigne ni ses *Dialogues sur le Gouvernement de Florence*, ni ses *Discours sur les réformes et mutations du gouvernement florentin*. Il n'échoue qu'aux genres où il faut de l'abandon, par exemple dans ses dépêches d'ambassadeur, ses lettres d'affaires, ses épîtres familières, ses *Ricordi*, qui nous le montrent sec, aride, sans agrément. Écrivain, orateur, narrateur, peintre, philosophe, « politicien », il n'eut que le génie du bon sens, de la raison, de la clairvoyance ; mais c'est bien quelque chose. L'empirisme n'étant pas le fait des grands esprits, il n'est donc partout qu'au second rang ; mais il y est le premier, ou tout au moins un des premiers.

D'autres historiens dignes d'estime font aux deux précédents comme un cortège d'honneur. Parmi eux, Donato Giannotti a la double originalité de tout voir couleur de rose et de préférer, pour obtenir le gouvernement fort qu'appelait le vœu unanime, à la violence et à la perfidie l'expérience, la sagesse, le patriotisme. Lui aussi, il parle d'intérêts plus que de droits et de devoirs ; mais ses deux modèles ne l'en eussent pas moins jugé chimérique, parce qu'il ne déroule pas, à leur exemple, les avantages de l'immoralité. Progrès réel et méritoire, qui dut appeler le sourire aux lèvres de contemporains peu portés aux utopies, aux « berquinades », dirions-nous aujourd'hui. Benedetto Varchi a écrit avec un talent du second ordre l'histoire de dix ans, de 1527 à 1538. Il est précieux par tant de choses qu'il nous apprend en témoin bien informé et qui déjà aime à s'appuyer sur les documents, à les citer. Son défaut est une ampleur qui tourne à la redondance, et un désir de la louange qui le porte à la flatterie. Bernardo Segni, en prenant la plume pour défendre la mémoire de Niccolò Capponi, son oncle, dépasse son étroit sujet, parle des affaires d'Italie et même d'autres pays, avec une gravité un peu nue et une élégance académique; il sait rester sincère et véritable : la preuve en est qu'il ne put rien publier de son vivant. A Filippo des Nerli, partisan déterminé des Médicis en ses *Commentaires*, qui s'étendent de 1215 à 1537, et qui ne sont pas sans mérite, on peut opposer Jacopo Nardi, leur adversaire résolu, esprit sans étendue, écrivain sans méthode, sans art, sans vie, narrateur sans originalité, mais dont les *Histoires de la ville de Florence*, œuvre de sa vieillesse, sont fort utiles pour la période comprise entre 1494 et 1537, et dont la *Vie d'Antonio Giacomini* fut prisée comme un des plus achevés monuments de la langue italienne.

L'intelligente curiosité de notre temps a exhumé de la poussière des archives deux autres historiens qui l'emportent peut-être sur les derniers dont on vient de lire les noms. L'un, Francesco Vettori, parle des événements auxquels il prit part avec précision et concision, avec finesse et maturité, dans une langue pure et non sans un certain art d'exposition. Son précieux *Sommaire* ne nous choquerait en rien, si nous n'y voyions trop paraître la créature des Médicis, sans générosité, sans loyauté, sans franchise. L'autre, Jacopo Pitti, nous a laissé le meilleur récit que nous possédions de la période agitée et tragique qui s'écoule entre les années 1494 et 1529. Né patricien, il aime le peuple jusqu'à en paraître de parti pris. Il apporte des faits nouveaux ou présentés de façon nouvelle avec une indépendance bien courageuse, car ses pages manuscrites couraient de main en main au début du principat démasqué. Son *Apologia de' cappucci* ou capuchons, c'est-à-dire des vieilles modes, fait plus d'honneur encore à son talent. Dans ce pamphlet en dialogues, il s'attaque ouvertement aux amis des Médicis, et notamment à Guicciardin, dont l'*Histoire d'Italie*, quand elle parut, fit scandale. Familier, spirituel et vif, largement assaisonné de sel comique, le style de Pitti est embelli de toutes les grâces florentines pour orner le récit d'un passé que l'auteur regrette sans l'avoir vu, qu'il connaît bien, qu'il comprend à merveille et qu'il présente avec une exactitude rarement en défaut.

ANDREA DEL SARTO.

Machiavel et Guicciardin suffiraient certes à la gloire littéraire de Florence dans ce temps-là ; mais il n'est pas sans intérêt d'avoir montré que le génie de l'histoire n'était pas limité, dans cette ville sans pareille, à leurs deux puissantes têtes, et qu'il avait fait en quelque sorte, sans bannir les autres genres, élection de domicile sur les bords de l'Arno.

Comme les belles-lettres, les beaux-arts sont représentés, dans la période d'agonie et de mort, par deux grands noms, d'ailleurs fort inégaux en importance, Andrea del Sarto et Michelangelo Buonarroti. Raphaël a bien séjourné par deux fois à Florence, admirant Masaccio, lui empruntant l'expression tout ensemble humaine et divine de ses nombreuses madones; on ne saurait dire, néanmoins, qu'il appartienne à l'école florentine. Andrea del Sarto, au contraire, en est par droit de naissance et par droit d'étude (1478-1530). Ce fils du tailleur Vannucci en devient même le chef, du moins pour la peinture. Réputé impeccable, on l'appelle Andrea *senza errori*, ce qui n'empêche pas, bien entendu, de relever en lui des défauts. Un peu sec d'invention, il manque de cette hauteur d'esprit et de cette large envergure qui font les grands peintres comme les grands poètes. Mais il excelle dans la fresque, où éclate la supériorité de l'école, dans la fresque dont Michel-Ange préférait l'austérité aux agréments de la peinture à l'huile, celle-ci n'étant, à son estime, qu'un simple jeu.

MICHEL-ANGE.

Ce grand nom de Michel-Ange, qui revient sous notre plume et nous attire, ne permet que de nommer en passant Giovambattista Rosso et le Primatice, habiles ouvriers de la peinture. Aussi bien ont-ils surtout travaillé en France. De même, malgré le renom de son *Persée*, ce grand hâbleur de Benvenuto Cellini, qui les y suivit. Ils ont leur légitime place dans l'histoire de l'art; ils n'appartiennent guère que par leur origine et leurs études à l'histoire de la civilisation florentine. C'est l'inconvénient des souverains génies de reléguer dans l'ombre ceux qui ne peuvent, avec eux, s'élever aux sommets.

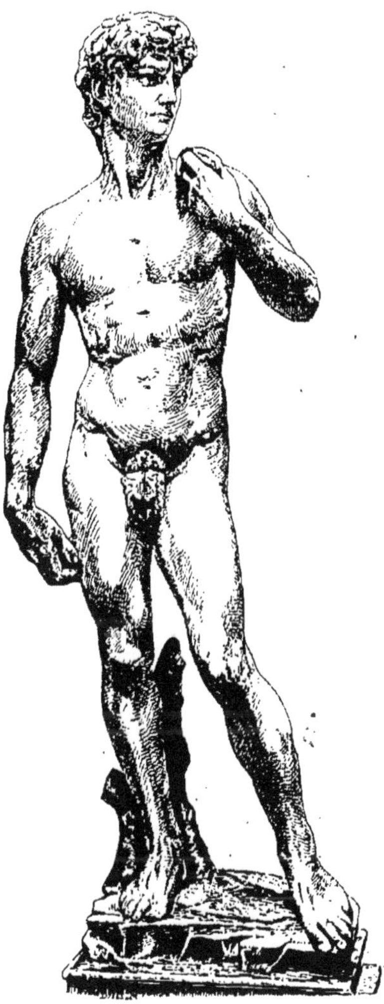

DAVID, de Michel-Ange.

Architecte, sculpteur, peintre et poète, Michelangelo Buonarroti (1475-1564) est bien « l'homme aux quatre âmes » dont parle Pindemonte. Florentin jusqu'aux moelles, il a étudié la peinture sous Ghirlandajo et la sculpture sur l'antique, aux jardins Médicis. Il s'inspire, d'ailleurs, de tout ce qui est grand, des statues de Donatello, des poésies de Dante, des prédications de Savonarole. Mais son audace s'affranchira bientôt de toute servitude. On peut déjà le constater dans son *David*. Ce petit juif, d'une simplicité nue et d'un calme souverain, montre l'art du XVIe siècle aussi libre des conventions du XVe que le XVe l'est de celles du moyen âge. Michel-Ange retrouve l'antique, oublié depuis qu'on en avait tiré la Renaissance; mais, grand novateur, il l'approprie au génie moderne avec une indépendante résolution. Il ne fait rien comme personne. Il dédaigne les ébauches

Le Carton de la guerre de Pise, par Michel-Ange.

en terre glaise, il taille à grands coups dans le marbre, sans compromettre le bloc précieux, grâce à son incroyable habileté de main. Il ne pensait pas que le fini du travail pût ajouter à la vie du premier jet, et il est probablement le seul sculpteur chez qui, en même temps que l'idée, naisse la forme à lui donner. Sans ces dispositions natives, il n'eût point atteint le grandiose, genre italien comme le mot lui-même, et que goûteront fort ses compatriotes, d'un goût si exercé. Au genre grandiose appartiendront ses prodigieux Titans, qui semblent si supérieurs à l'humanité par l'expression et le geste, par la surabondance de la vie, de la force, de l'action.

Une autre œuvre, aujourd'hui perdue, et dont on ne peut plus que par de vieilles gravures se faire une idée, contribua davantage encore à grandir la renommée naissante de Michel-Ange : le carton où, sur l'ordre de Pier Soderini, gonfalonier à vie, il avait esquissé un épisode de la guerre de Pise, en vue d'une fresque qui devait décorer la salle du Grand Conseil. La révolution de 1512 supprima la commande en supprimant le Grand Conseil lui-même, et, en outre, elle détruisit ce carton à jamais regrettable, en même temps que celui de Léonard sur la bataille d'Anghiari. Là éclatait une science anatomique inconnue, résultat de douze années d'études sur le cadavre qui furent continuées jusque dans les sombres jours de la vieillesse par ce vaillant et infatigable génie. Tel fut son point de départ pour tracer sur des surfaces planes ces figures nerveuses autant que robustes où l'étonnante tension des muscles, où d'audacieux raccourcis font si aisément reconnaître sa main. C'en est fini, à vrai dire, avec le calme serein et majestueux de Léonard, avec sa grâce suave, comme avec l'harmonie immobile propre à l'art grec. Michel-Ange ne retrouvera plus rien de ces beautés si pures.

Mais sa téméraire tentative obtint un immense et universel succès. Les contemporains proclamèrent divines des formes hardies que personne, depuis, n'a pu égaler. Les peintres désertèrent la chapelle de Masaccio, leur instructif modèle, pour ce carton novateur. Vasari déclare que tous ceux qui l'ont étudié sont devenus excellents. Selon Benvenuto Cellini, son fougueux compatriote venait, pour la première fois, de déployer tous ses talents, de se montrer supérieur aux modernes et même aux anciens. Nous n'en devons pas moins reconnaître que fort dangereux était l'exemple donné. Si un Raphaël, un André del Sarto, et jusqu'à un Ridolfo Ghirlandajo, surent rester originaux en s'inspirant du chef-d'œuvre audacieux d'un rival de trente ans, d'autres le reproduiront trop servilement pour ne pas se heurter, pour ne pas se briser à l'écueil. C'est ainsi que d'eux, de ce carton mémorable, par conséquent, date la décadence de l'art italien, malgré le merveilleux rayon de gloire que Michel-Ange projette sur l'école florentine au XVIe siècle.

MICHEL-ANGE. — ESCLAVE.

Pas n'est besoin de parler longuement ici des longs travaux entrepris par ce Titan à Rome, sur l'ordre de Jules II. D'un projet gigantesque, conçu trop tard par un pape trop vieux, nous restent les deux esclaves enchaînés du Louvre et le Moïse de Saint-Pierre *in vincoli*, œuvre prodigieuse qu'on peut critiquer, mais qui laisse la forte impression d'un être surhumain et de la réunion si rare du grand et du beau. Le même homme dessine et peint les fresques sans pareilles de la chapelle Sixtine, qui transfigurent, en leur donnant la vie, les personnages de la tradition sacrée, comme ceux de la tradition profane. Par elles la vogue vient à l'art si difficile et jusqu'alors peu populaire de la fresque; par elles la peinture est entraînée à changer de voie.

Quand Michel-Ange a vu succomber sa ville natale, dont il avait, à travers tant d'obstacles, relevé les fortifications, il reste artisan, — l'on ne disait point artiste alors, — il vit du travail de ses mains, il accepte les commandes qui lui viennent; et d'où donc pouvaient-elles venir, dans ce temps maudit, sinon des oppresseurs devenus maîtres des trésors comme du pouvoir, des oppresseurs qu'il avait combattus? C'est ainsi qu'il poursuit, à Florence, les travaux de la chapelle dynastique de San Lorenzo, et qu'il prépare, à Rome, sur l'invitation de Clément VII près de mourir, le carton du Jugement dernier.

Ce chef-d'œuvre sans pareil de la peinture, il ne l'exécutait qu'à son corps défendant, car il ne se trouvait à l'aise qu'un ciseau à la main. Tout le monde connaît, ne fût-ce que par la copie ou la gravure, cette merveille de l'art moderne, la plus étonnante peut-être, parmi tant d'autres, qu'on aille admirer au Vatican. Dans le mélange irréligieux des deux mythologies, de Minos et du Christ, de l'Achéron et de l'Apocalypse, les élus des régions supérieures n'ont plus l'air extatique par lequel, d'ordinaire, on les distinguait des damnés et des simples mortels : ils ont une ampleur athlétique de formes, une intensité nerveuse de vie qui montrent que, jusqu'au ciel, ils sont des hommes. Jamais la structure humaine n'avait pris, sur une surface plane, tant de relief et de vigueur. L'art du peintre a dépassé ses limites, mais en donnant une idée toute nouvelle de sa puissance par la science du nu, la hardiesse des inventions, l'alliance du sublime et du terrible. Le goût a changé, ou plutôt Buonarroti change le goût, et personne n'en paraît scandalisé, le pape Paul III moins que personne, lui qui, à l'auteur du Jugement dernier et de la chapelle Sixtine, confie la chapelle Pauline.

A ce pontife, ennemi des Médicis, le second Cosme, devenu duc de Florence, voulut enlever le Florentin dont il craignait que les chefs-d'œuvre n'honorassent les Farnèse. Par reconnaissance autant que par intérêt bien entendu, Michel-Ange préféra rester à Rome, y devenir l'architecte de Saint-Pierre. Ne jugeons pas de sa conception par l'édifice qu'ont élevé ses successeurs, puisque, après sa mort, ils dénaturèrent ses dessins. Sans cette marque à jamais regrettable d'indépendance, nous aurions, à la suite du magnifique vestibule, l'église plus grande, moins disparate, s'élançant mieux vers le ciel.

Ne tient-il pas du prodige que, dans l'effrayante corruption des cours et la décadence manifeste des sociétés établies, l'art, sous ses trois formes, ait pu atteindre son apogée? Telle est l'idée qui vient à l'esprit et telle la question qu'il se pose quand il porte son regard sur ces incomparables splendeurs. Mais de cette impression il faut savoir se défendre : rien n'est inexplicable en histoire. Il est bien rare, dans un naufrage, que tout sombre à la fois. Même aux plus mauvais jours de l'empire romain et des temps barbares, n'a-t-on pas vu apparaître le christianisme, principe régénérateur? Au XIVe siècle, c'est la Renaissance qui régénère, et au XVIIIe, la Révolution. Pour sortir du chaos, le XVIe a trouvé la voie tracée, quoique momentanément disparue sous les broussailles de l'érudition ou détruite par les fureurs de la politique. Il la rétablit avec courage et il la prolonge avec génie. Dans cette œuvre de salut, deux Florentins, Machiavel, Michel-Ange, pour ne pas parler des autres, qui tiendraient les premiers rangs dans une ère moins féconde, prennent la tête du mouvement pour résumer tout le travail antérieur, pour couronner l'édifice de la science historique et de l'art. Machiavel est un chef d'école, et, parmi ses disciples, il faut compter la plupart des grands politiques, Frédéric II et Napoléon, Cavour et Bismarck. Michel-Ange, lui, n'est pas un chef d'école, mais Raphaël lui doit beaucoup, et ainsi l'on peut dire qu'il a fait ce qu'il y a de plus grand, inspiré ce qu'il y a de plus accompli dans leur domaine commun.

Couronnement d'autant plus admirable qu'il était moins nécessaire. L'art italien avait depuis longtemps accompli son œuvre de rénovation. Supprimez, par la pensée, Michel-Ange et aussi Raphaël, qui s'inspire de lui, nous verrions les modèles de l'art florentin, au début du XVIe siècle, pour la peinture, dans Andrea del Sarto, pour la sculpture, dans Benvenuto Cellini, pour l'architecture, dans les frères San Gallo. On pourrait être fier de soi à moins. Ouvriers de décadence, dira-t-on. Sans doute, car ils n'égalent ni Léonard de Vinci, ni Masaccio, ni Ghiberti, ni Brunelleschi, ni Donatello; mais il faut bien reconnaître qu'ils en sont les dignes successeurs, et qu'une telle décadence, c'est encore, pour une civilisation, la gloire. Que la marche fatale, sans cet incomparable temps d'arrêt, ou plutôt sans cette merveilleuse et passagère poussée en avant, eût été plus rapide, c'est possible, mais ce n'est pas sûr : Jules Romain eût moins valu sans doute; les imitateurs de Michel-Ange eussent peut-être valu davantage, car un simple mortel court à sa perte quand il imite de si sublimes et téméraires hardiesses.

Quoi qu'il en soit, avoir retardé la décadence, avoir porté les trois branches maîtresses de l'art à une hauteur non dépassée, ni même atteinte depuis, telle est l'œuvre de ce géant florentin, qui était en même temps un ingénieur, un poète, un citoyen, un citoyen militant de l'heure funèbre où la lampe expirante projetait ses dernières lueurs. Définitivement asservie aux Médicis, déshonorée à ses propres yeux, Florence ne produira plus que de pauvres hères à la taille de ses indignes maîtres. Sa seule consolation sera de se dire qu'elle subit le sort commun à presque tous les peuples d'Italie, qu'elle ne le subit qu'après eux, et que les derniers de ses fils libres ont consacré son nom avec le leur parmi les plus illustres qui circuleront jamais sur des lèvres humaines.

CLOITRE DE SANTA MARIA NOVELLA.

Être atteinte d'une maladie incurable de consomption, voir l'œuvre de décomposition hâtée par un sort cruel, et, à la veille de mourir de mort violente, mettre au monde deux fils qui s'appelleront, dans l'histoire, Machiavel et Michel-Ange, telle fut donc la suprême destinée, la suprême gloire de Florence. Que tout, dans ces deux grands génies, ne soit pas d'or pur; qu'on y puisse, en cherchant bien et même sans chercher, trouver de l'alliage, nous l'avons dit ici de l'un, et de l'autre nous l'avons écrit ailleurs[1]; mais l'or sans alliage ne se rencontre point dans la nature humaine, et, quand le noble métal prédomine à ce degré dans le mélange inévitable, quelle ville ne serait fière d'avoir porté de tels hommes dans ses flancs épuisés ?

1. Voy. dans la *Revue de famille*, n° du 1er octobre 1891, notre travail intitulé : *la Faute de Michel-Ange*.

CONCLUSION

Durant les siècles attardés du moyen âge, Florence a été comme le pionnier de l'avenir. Seule, on peut le dire, elle a entrevu dans un brouillard impénétrable les voies du monde moderne. Cet honneur sans pareil dont elle finit, comme tous les êtres précoces et trop bien doués, par porter cruellement la peine, elle le dut à des qualités propres, étant la plus originale des cités et la plus digne d'être considérée comme une personne. Ses annales présentent une plénitude et une variété sans pareilles dans ces temps-là. Tout s'y rencontre : la pratique et la théorie des institutions libres et démocratiques, l'usage délicat d'organes constitutionnels très compliqués ; l'industrie et le trafic, les belles-lettres et les beaux-arts ; une intuition incomplète encore, mais déjà précise, de la science financière et de l'économie politique ; le goût éclairé et pratique des voyages lointains, quand si peu de gens voyageaient ; le jugement assez ferme pour se défendre contre les attractions alors réelles de la scolastique parisienne, que ces marchands voyaient à sa source et à l'œuvre ; la hardiesse assez confiante pour se laisser emporter, d'instinct et de génie, avant personne autre, aux souffles vivifiants de la Renaissance.

Et l'on se demande pourquoi cette sorte de miracle n'a pas

duré quatre siècles? Mais justement parce que c'était un miracle : pour ce qui sort ou semble sortir de l'ordre naturel, quatre siècles sont une éternité. D'ailleurs, Florence, ayant précédé les autres peuples dans la civilisation, devait les précéder dans la décadence. Elle eut ses défauts et ses vices, dont elle porta cruellement la peine. Qui veut durer et gouverner doit savoir se gouverner soi-même, montrer de la suite dans ses desseins, ne pas croire qu'on peut à volonté créer de toutes pièces et faire vivre une constitution, ne pas s'obstiner à bâtir sur le sable. L'excès de la prospérité devient, c'est triste à dire, un agent de dépravation et de destruction. La décadence morale amena, sans beaucoup tarder, la décadence matérielle. Par la perte de tout esprit militaire, des marchands enrichis, ou uniquement occupés de s'enrichir, étaient destinés en proie aux peuples encore rudes et barbares qui leur portaient envie. Compter sur le dévouement de soldats mercenaires ou sur l'appui non intermittent de potentats étrangers est toujours un mauvais calcul. Enfin, ce fut un vice rédhibitoire que de n'avoir su jamais obtenir l'amour des voisins conquis. Les traitant en sujets, la République les trouva ennemis à l'heure du péril, n'osa leur confier des armes, les vit saluer dans les Impériaux des libérateurs. C'étaient sans doute les idées dominantes, et nous sommes tous plus ou moins esclaves de notre milieu; mais qui est à l'avant-garde doit à ceux qui suivent et se doit à soi-même de s'en montrer digne. A défaut de l'idée, libérale et non mûre alors, d'une assimilation complète, celle d'une fédération des villes toscanes ne pouvait-elle éclore dans ces cerveaux subtils? Un passé déjà lointain leur en offrait le modèle dans la fameuse ligue lombarde.

Mais si l'on tient compte des difficultés de toute sorte que rencontrait cette République, on admirera qu'elle ait vécu plus longtemps qu'aucune autre de quelque importance dans le moule imparfait des communes du moyen âge; qu'elle ait pressenti avant toute autre, comme le prouvent les progrès rapides de ses premiers Médicis et un peu plus tard les écrits de son Machiavel, cette idée de concentration par la monarchie qui triomphe au XVIe siècle. Malheureusement, des États comme des hommes on peut dire qu'une fois vieillis ils ne se plient plus à de nouvelles conditions d'existence. Florence ne pouvait vivre que dans cette atmosphère démocratique, à la fois incomplète et excessive, qui était le meilleur de son passé. Quand elle ne la respire plus, elle lutte pour s'y replonger, et n'y ayant point réussi, elle en meurt. De cette ville qui eut une âme, il ne reste plus que des murailles et des bâtiments, en un mot de la pierre, et, ce qui est plus durable, comme plus glorieux, les monuments esthétiques de son génie. « Le vieux type toscan du moyen âge, écrit ce fin observateur qu'était J.-J. Ampère, a été graduellement effacé par la main des Médicis. » Si c'est, et l'on n'en peut douter, le principal service de cette famille envahissante et dominatrice d'avoir adouci et rendu aimables les Florentins, elle le leur a fait payer bien cher au prix de la force, de l'énergie, de la dignité. Comment approuver le laboureur qui n'ameublit le sol qu'en l'appauvrissant?

Puisque les formes politiques et les nations ont leur temps, comme tout être doué de vie, comme toute chose au monde, il ne faut pas plus plaindre Florence d'avoir disparu de la scène qu'on ne plaint Athènes ou Rome de n'être plus qu'un souvenir. Il ne faut pas plus la blâmer d'être restée sur tant de points étrangère à nos doctrines et à nos vues, qu'on ne blâme Cicéron ou César de n'avoir pas pensé ou vécu comme nous vivons et pensons au XIXe siècle. Il faut au contraire la louer beaucoup de ce que, sans bien connaître la Grèce ni Rome, elle a su être une commune libre dans les bornes étroites où l'on pouvait alors concevoir la liberté, devenir un État sans cesser d'être une personne, tracer, fût-ce en se trompant parfois, comme on se trompe quand on crée de toutes pièces, quelques-unes des grandes lignes, des lois primordiales du gouvernement d'un peuple par lui-même, tenir enfin d'une main ferme et transmettre à d'autres mains, qu'elle n'a pas peu contribué à affermir, le bienfaisant flambeau de la civilisation.

FIN.

TABLE DES MATIÈRES

CHAPITRE PREMIER.

Pages.

Les origines. 7

CHAPITRE II.

Les institutions. 28

CHAPITRE III.

La vie économique. 65

CHAPITRE IV.

Les moeurs. 100

CHAPITRE V.

Les belles-lettres. 122

CHAPITRE VI.

Les beaux-arts. 154

CHAPITRE VII.

Le chant du cygne. 208

Conclusion. 249

12 avril 9

Paris. — May & Motteroz, Lib.-Imp. réunies
7, rue Saint-Benoît

www.ingramcontent.com/pod-product-compliance
Ingram Content Group UK Ltd.
Pitfield, Milton Keynes, MK11 3LW, UK
UKHW031835260826
14628UKWH00001B/400

9 782013 501477